問題を解いて中学・高校6年分の英文法を総復習する

やりなおし英語

ENGLISH GRAMMAR
Junior & Senior High School

平山 篤 =著
Hirayama Atsushi

はじめに

● 英文法はすべての基礎！
　英語を使う上で英文法は不可欠です。文法不要論を耳にすることもありますが、英文法をいつまでも遠ざけるよりも、文法の学習は早めに終わらせた方が、ずっと効率的に英語を習得することができます。

● 中学・高校の英文法で十分！
　英語は考えを伝える道具です。ですから実際にやりとりされる英語にはいたずらに複雑な文法は登場しません。なぜならそれは内容を伝わりにくくさせるだけだからです。高校レベルまでカバーしていれば、たとえ英文の専門雑誌を読むということになっても、文法面は十分なのです。

● 英文法は実はシンプル！
　文法嫌いを大量生産させる理由は「文法のための文法」を押しつけるところにあるのではないでしょうか。「使うための文法」という機能的文法にこだわり、「動詞の追加」という観点から文法を眺めてみましょう。そうすると、そのルールが意外にシンプルなことに気づかされるはずです。

● 英文法問題が解ける！
　本書に取り組んでいただくために予備知識は必要ありません。問題を解くために必要な情報は最初に質問形式ですべて説明されています。それを読めば文法問題は必ず解け、文法の細部までしっかり身につけられる構成になっています。

CONTENTS

はじめに ——————————————————— 3
3つの波を乗り越えろ！ ————————————— 6
本書の構成 —————————————————— 7

第1章 動詞を使う
(SV)

1 一般動詞とbe動詞 ——————————————— 10
2 時　制 —————————————————— 20
3 助動詞 —————————————————— 30
4 進行形 —————————————————— 42
5 受動態 —————————————————— 46
6 完了形 —————————————————— 52
7 第1章のまとめ ——————————————— 60

第2章 動詞を追加する
(SVV′)

8 不定詞 —————————————————— 74
9 動名詞 —————————————————— 90
10 分　詞 —————————————————— 100
11 第2章のまとめ —————————————— 114

4

第3章　主語・動詞を追加する

(SV+SV)

- 12 接続詞 ——————————————————— 136
- 13 仮定法 ——————————————————— 150
- 14 関係詞 ——————————————————— 158
- 15 第3章のまとめ —————————————— 174

第4章　その他の項目

- 16 5文型 ——————————————————— 194
- 17 名詞・冠詞 ———————————————— 200
- 18 代名詞 ——————————————————— 206
- 19 形容詞・副詞 ——————————————— 214
- 20 比　較 ——————————————————— 218
- 21 前置詞 ——————————————————— 228
- 22 否　定 ——————————————————— 240
- 23 特殊な構文 ———————————————— 246
- 24 第4章のまとめ —————————————— 256

第5章　総合問題

- 25 第1章〜第4章のまとめ ——————————— 272

付　録　英文法を教えてみよう

- もう一度ポイントおさらい ————————————— 286

3つの波を乗り越えろ！

Q1　英文法がわからないと感じる理由は？

英文法の全体像が見えていないことが多い。
まずは英語の仕組みは動詞を中心に回っていることを認識しよう。
その上で常に「動詞の追加」を意識していけばうまく整理できる。

Q2　何から始めればよいのか？

まず否定文と疑問文を正確に作れるようにしよう。
英文法を学ぶ上で大きな波は3つやってくるが、これが第1波だ。

Q3　第2波は？

準動詞だ。
動詞を文に追加するためには to do / doing / done という形にしなければならない。これが第2の波で、この波が一番大きい。
しかし準動詞はあくまでも「3枚のカード」の中から1枚を選択しているにすぎない。これに気づけば大丈夫だ。

Q4　最後の波は？

主語を伴った動詞の追加の時にやって来る。
これには接続詞や関係詞が必要になる。
その際に関係詞を特に複雑に考えがちだ。これが第3の波だ。
「疑問詞変換」という発想を持てばこの関係詞もマスターできる。

本書の構成

1 「動詞の追加」という点から文法の全体像をとらえることで本書は4つのエリアに分けられている。

　　第1章　SV（基本タイプ）
　　第2章　V'（準動詞に変えて動詞を追加）
　　第3章　+SV（接続詞・関係詞を使って動詞を追加）
　　第4章　その他の項目

2 各文法項目が難易度によってA、B、Cに分けられている。

難易度A ☆
各文法項目の基本ポイントが述べられている。ここでしっかり基礎の確認をしたい(**主に中学レベル**)。

難易度B ☆☆
英語を読むとなると、このレベルの知識が求められる。難易度Aの内容に関連づけながら理解するとスムーズに進む(**主に高校基礎レベル**)。

難易度C ☆☆☆
さらに発展的な内容と慣用表現が収められている。慣用表現を知らないためにその文法項目を難しく感じることも多いのでしっかりそれらを身につけたい(**主に高校応用レベル**)。

第1章

動詞を使う

1 一般動詞とbe動詞

難易度A ☆

Q1　英語を学ぶ上で一番重要な品詞は？

動詞だ。
使い方のルールが他の品詞と比較できないほど細かくできている。

Q2　動詞にはどのようなものがあるのか？

一般動詞と be 動詞がある。
一般動詞は「食べる」「寝る」という動作、
be 動詞は「＝」を当てはめると考えやすい。

Q3　be 動詞は動作ではないのになぜ動詞なのか？

英文は常に「時間を表示する形」になっていなければならない。
この仕事は動詞が担っている。
be 動詞もその役割を果たしているので動詞と呼べる。

Q4　動詞の使い分けは？

次のように、主語の種類と数で使い分ける。

	一般動詞	be 動詞
You / 複数	play	are
I		am
単数（I・You以外）	plays	is

Q5　上の表で注意するところは？

plays の s のつけ方だ。es になったり、ies になることがある。

　　watches（最後が s / ch / o など）
　　studies（← study 最後が子音字 +y）

また have は has になる。

Q6　単語はどういう順序で並べるのか？

主語・動詞・目的語＊の順に置く。（＊be 動詞の後は補語と呼ぶ）

　　I play baseball.　　　（私は野球をする）
　　I am hungry.　　　　（私は空腹だ）

Q7　致命的な間違いとは？

動詞の数を間違えることだ。英文の基本は「1 文 1 動詞」だ。

「彼女は優しい」
　　× She kind.　　　　動詞が 0 個の状態
　　○ She is kind.

「彼は音楽が好きだ」
　　× He is like music.　　動詞が 2 個の状態
　　○ He likes music.

Q8　一般動詞の否定文はどのように作るのか？

do / does を利用する。

　　play　→　don't play
　　plays　→　doesn't play
　　　　　　＊doesn't plays と s が 2 つにならないように注意！

Q9　be 動詞の否定文はどのように作るのか？

be 動詞は後ろに not をつけるが、通常次のような短縮形を使う。

　　I am → I'm not　　You are → You aren't　　He is → He isn't

Q10　疑問文はどのように作るのか？

最初の単語で疑問文であることを伝えることがポイント。

一般動詞では Do / Does を先頭に、
　Do you play ~ ?　　Does he play~ ?
　　　　　　　　　＊ Does he plays にならないように！

be 動詞では be 動詞自身を文頭に置く。
　Am I ~ ?　Are you ~ ?　Is he ~ ?

Q11　疑問文に対してどのように答えるのか？

Do / Does で尋ねられれば、
　Yes, I do（he does）. や No, I don't（he doesn't）. で答える。

be 動詞では
　Yes, I am（she is）.　No, I'm not（she isn't）. で答える。

しかし、Sure（もちろん）などと答えることも多い。

Q12　What などを使った疑問文はどう作る？

疑問詞を先頭に置いてその後に Q10で作った疑問文をつなぐ。

　Where does he live?　　　（彼はどこに住んでいますか）
　What is that?　　　　　　（あれは何ですか）
　How is your business?　　（仕事はどうですか）

　〈when いつ　who 誰　whose 誰の　which どれ　why なぜ〉

疑問詞の部分が2語以上になることもある。
　How much is this bag?　　（このバッグはいくらですか）

Q13　疑問文は常にこうした語順なのか？

疑問詞が主語になった時は疑問文語順にならない。

　　Who uses this computer?　　（誰がこのコンピューターを使うのか）
　　Tom does.　　　　　　　　　（トムだ：does = uses）

Q14　疑問文で最後に注意することは？

否定疑問文に対する答え方だ。

どう尋ねられても答えが肯定なら Yes、否定なら No と言う。
つまり Yes, I don't. や No, I do. という答え方にはならない。

　　Don't you know him?　　　（あなたは彼を知らないのですか）
　　Yes, I do.　　　　　　　　 （知ってますよ）
　　Isn't she an American?　　（彼女はアメリカ人ではないですか）
　　No, she isn't.　　　　　　 （アメリカ人ではありません）

このように日本語の「はい、いいえ」（→相手への同意 / 不同意）と英語の "Yes、No"（→自分が肯定 / 否定）は発想が異なることに注意しよう。

練習問題にチャレンジ

[1] 次の英文の誤りを修正しなさい。

(1) 彼は私の親友だ。

He are my best friend. _____ → _____

(2) 私の姉はオーストラリアに住んでいる。

My sister live in Australia. _____ → _____

(3) 私の夫は中国語をとても上手に話す。

My husband is speak Chinese very well. _____ → _____

(4) 私はゴルフをしない。

I'm not play golf. _____ → _____

(5) 彼には息子はいない。

He doesn't has a son. _____ → _____

(6) あなたはスポーツが好きですか。

Are you like sports? _____ → _____

(7) 彼女は京都に住んでいますか。はい、そうです。

Does she live in Kyoto? Yes, she is. _____ → _____

(8) 彼は家にいないのですか。いいえ、いますよ。

Isn't he at home? No, he is. _____ → _____

Check Your Answers

[1]

(1) are → is

（主語が I、You 以外の単数） Q4

(2) live → lives

（主語が I、You 以外の単数） Q4

(3) is speak → speaks

（動詞が is と speak で2つになっている。） Q7

(4) I'm not → I don't

（一般動詞の否定は don't を使う） Q8

(5) has → have

（does を使った後の動詞は原形） Q8

(6) Are → Do

（一般動詞の疑問は Do を使う） Q10

(7) is → does

（Does の質問には does で答える） Q11

(8) No → Yes

（答えが肯定の時は常に Yes と言う） Q14

練習問題にチャレンジ

[2] 次の英文を否定文に変えなさい。

(1) I read fashion magazines.

(2) The information is new.

(3) He uses the Internet.

(4) They are my coworkers.

[3] 次の英文を疑問文に変えなさい。（I は You にすること）

(1) I work on Saturdays.

(2) I'm from Canada.

(3) The ticket is very expensive.

(4) She plays the violin.

(5) I don't have a cell phone.

📘 Check Your Answers

[2]

(1) I don't read fashion magazines.（一般動詞：主語が I）

　　私はファッション雑誌を読まない。　　　　　　　　Q8

(2) The information isn't new.（be動詞：主語が単数）

　　その情報は新しくない。　　　　　　　　　　　　　Q9

(3) He doesn't use the Internet.（一般動詞：主語が単数）

　　彼はインターネットを使わない。　　　　　　　　　Q8

(4) They aren't my coworkers.（be動詞：主語が複数）

　　彼らは私の同僚ではない。　　　　　　　　　　　　Q9

[3]

(1) Do you work on Saturdays?（一般動詞：主語が You）

　　あなたは土曜日働いていますか。　　　　　　　　　Q10

(2) Are you from Canada?（be動詞：主語が You）

　　あなたはカナダ出身ですか。　　　　　　　　　　　Q10

(3) Is the ticket very expensive?（be動詞：主語が単数）

　　そのチケットはとても高いのですか。　　　　　　　Q10

(4) Does she play the violin?（一般動詞：主語が単数）

　　彼女はバイオリンを弾くのですか。　　　　　　　　Q10

(5) Don't you have a cell phone?（否定疑問文）

　　あなたは携帯電話を持っていないのですか。　　　　Q14

練習問題にチャレンジ

[4] 指定された疑問詞を使って下線部を尋ねる疑問文を作りなさい。

例: I get up at five. （what time ）

→ What time do you get up?

(1) My birthday is May 20th. (when)

(2) I'm fine. (how)

(3) I like golf and swimming. (what sports)

(4) She goes to work by train. (how)

(5) Lucy is in the kitchen now. (where)

(6) I like this dress. (which)

(7) This is Ken's computer. (whose)

(8) My husband washes the dishes. (who)

Check Your Answers

[4]

(1) When is your birthday?（疑問詞の後は疑問文語順）
あなたの誕生日はいつですか。　　　　　　　　　　Q12

(2) How are you?
お元気ですか。　　　　　　　　　　Q12

(3) What sports do you like?
何のスポーツが好きですか。　　　　　　　　　　Q12

(4) How does she go to work?
彼女はどうやって通勤していますか。　　　　　　　　　　Q12

(5) Where is Lucy now?
ルーシーは今どこにいますか。　　　　　　　　　　Q12

(6) Which dress do you like?
どちらのドレスがお気に入りですか。　　　　　　　　　　Q12

(7) Whose computer is this?
これは誰のコンピューターですか。　　　　　　　　　　Q12

(8) Who washes the dishes?（疑問詞が主語のケース）
誰が皿を洗うのですか。　　　　　　　　　　Q13

2 時制

難易度A ☆

Q1　過去形はどのように作るのか？

基本的には ed をつける。play であれば played にする。
このように ed を付けて過去形にするものを規則動詞と呼び、それ以外を不規則動詞と呼ぶ。

Q2　不規則動詞にはどのようなものがあるか？

まず be 動詞の is、am、are だ。
そして使用頻度の高い一般動詞に多い。

　　are → were　　is / am → was
　　go → went　　come → came　　have → had　など

Q3　否定はどうすればよいのか？

一般動詞では did を使う。
そして did の後の動詞をもとの形、つまり原形に戻す。

　　I visited New York.　→ I didn't visit New York.

be 動詞の後ろに not をつけるが、短縮形を使うことが一般的である。

　　was → wasn't　　were → weren't

Q4　疑問文はどのように作るのか？

現在形の時と同じ語順になる。
一般動詞なら Did you visit 〜? というふうにする。
　　　　　　＊Did you visited としないように注意！

be 動詞なら Were you〜と be 動詞を先頭に置く。

Q5　未来形はどうすればよいのか？

will という助動詞（次の課参照）を動詞の原形の前につける。
（ちなみに is、am、are の原形は be である）

　　come / s → will come　　is am are → will be

Q6　未来形の否定や疑問はどうなるのか？

否定は not を will の 後ろにつける。

　　I will not（won't）play ～

疑問は will を先頭にする。

　　Will you play ～ ?

Q7　3時制をまとめると？

次のようになる。

	現在	過去	未来
規則動詞	start (s)	started	will start
不規則動詞	eat (s)	ate	will eat
be 動詞	are / am / is	were / was	will be

練習問題にチャレンジ

[1] 下の単語リストを参考に枠の中を埋めなさい。

現在形	過去形	現在形	過去形
is / am		bring	
are		meet	
speak		do	
go		keep	
eat		think	
find		write	
take		sing	
come		leave	
get		drive	
stand		fly	
catch		buy	
forget		lose	
know		swim	
begin		see	
say		tell	

ate　　began　　bought　　brought　　came　　caught　　did

drove　　flew　　forgot　　found　　got　　kept　　knew

left　　lost　　met　　said　　sang　　saw　　spoke

stood　　swam　　thought　　told　　took　　was　　went

were　　wrote

Check Your Answers

[1]

現在形	過去形	現在形	過去形
is / am	was	bring	brought
are	were	meet	met
speak	spoke	do	did
go	went	keep	kept
eat	ate	think	thought
find	found	write	wrote
take	took	sing	sang
come	came	leave	left
get	got	drive	drove
stand	stood	fly	flew
catch	caught	buy	bought
forget	forgot	lose	lost
know	knew	swim	swam
begin	began	see	saw
say	said	tell	told

Q2

練習問題にチャレンジ

[2] (　)の語を付け加えて次の文を過去形にしなさい。

(1) I go to my office by subway. (yesterday)

(2) I don't watch TV. (last night)

(3) My daughter brings her boyfriend. (two days ago)

(4) I visit Australia with my friend. (last year)

(5) I am very busy. (last week)

(6) Are you home ? (yesterday afternoon)

(7) We aren't tired at all. (then)

(8) Do you cook lunch yourself ? (today)

(9) What time does the meeting start? (yesterday)

Check Your Answers

[2]

(1) I went to my office by subway yesterday.
　　私は昨日事務所へ地下鉄で行った。　　　　　　　Q2

(2) I didn't watch TV last night.
　　私は昨夜テレビを見なかった。　　　　　　　　　Q3

(3) My daughter brought her boyfriend two days ago.
　　娘が2日前にボーイフレンドを連れてきた。　　　Q2

(4) I visited Australia with my friend last year.
　　私は昨年友人とオーストラリアを訪れた。　　　　Q1

(5) I was very busy last week.
　　私は先週とても忙しかった。　　　　　　　　　　Q2

(6) Were you home yesterday afternoon?
　　あなたは昨日の午後家にいましたか。　　　　　　Q4

(7) We weren't tired at all then.
　　私達はその時全く疲れていなかった。　　　　　　Q3

(8) Did you cook lunch yourself today?
　　あなたは今日は自分で昼食をつくったのですか。　Q4

(9) What time did the meeting start yesterday?
　　昨日その会議は何時に始まりましたか　　　　　　Q4

練習問題にチャレンジ

[3] (　)の語を付け加えて次の文を未来形にしなさい。

(1) We leave Japan. (next month)

_____

(2) I don't meet them. (tomorrow)

_____

(3) Are you free? (next Sunday)

_____

(4) It is rainy. (tonight)

_____

[4] (　)の動詞を使って英文を作りなさい。

(1) 私は京都でたくさんの写真を撮った。(took)

_____

(2) 私は君からお金を借りるつもりはない。(borrow)

_____

(3) あなたはあなたの財布をなくしたのですか。(lose)

_____

(4) 君はアメリカではどの都市を訪れるつもりですか。(visit)

_____

　　　　picture 写真　　wallet 財布　　which どの　　city 都市

Check Your Answers

[3]

(1) We will leave Japan next month.
私達は来月日本を離れるつもりです。　　　　Q5

(2) I won't meet them tomorrow.
私は明日彼らと会うつもりはありません。　　Q6

(3) Will you be free next Sunday?
あなたは次の日曜日暇ですか。　　　　　　　Q6

(4) It'll (it will) be rainy tonight.
今夜は雨でしょう。　　　　　　　　　　　　Q5

[4]

(1) I took many pictures in Kyoto.
一般動詞の過去形 take → took　　　　　　　Q2

(2) I will not (won't) borrow money from you.
未来形 borrow を will borrow にする。　　　Q6

(3) Did you lose your wallet?
一般動詞過去形の疑問文なので did を使う。　Q4

(4) Which city will you visit in America?
疑問詞部分(which city)の後に疑問文語順。　Q6

練習問題にチャレンジ

[5] 指示された語を利用して、以下の質問に答えなさい。

(1) Did you work overtime yesterday? (yes)

_____

(2) Was he angry with us? (no)

_____

(3) Will you buy a new PC? (no)

_____

(4) Whose mistake was that? (my)

_____

(5) What did you eat for lunch? (a hamburger)

_____

(6) How was the weather? (it / very cold)

_____

(7) What language did she speak? (French)

_____

(8) Where will you meet John? (at the airport)

_____

overtime 残業　PC (personal computer) パソコン
mistake ミス　weather 天候　language 言語

Check Your Answers

[5]

(1) Yes, I did. （あなたは昨日残業をしたのですか）

はい、しました。　　　　　　　　　　　　　　Q4

(2) No, he wasn't. （彼は私達のことを怒っていましたか）

いいえ、怒っていませんでした。　　　　　　　Q4

(3) No, I won't. （あなたは新しいパソコンを買うつもりですか）

いいえ、買うつもりはありません。　　　　　　Q6

(4) That was my mistake. （それは誰のミスだったのですか）

それは私のミスでした。　　　　　　　　　　　Q4

(5) I ate a hamburger for lunch.

（あなたは昼食に何を食べましたか）

私は昼食にハンバーガーを食べました。　　　　Q4

(6) It was very cold. （天候はどうでしたか）

とても寒かったです。　　　　　　　　　　　　Q4

(7) She spoke French. （彼女は何語を話しましたか）

彼女はフランス語を話しました。　　　　　　　Q4

(8) I will meet him at the airport.

（あなたはジョンとどこで会うつもりですか）

私は彼と空港で会うつもりです。　　　　　　　Q6

3 助動詞

難易度A ☆

Q1　助動詞は何のためにあるのか？
動詞に可能性の意味を付け加える。

Q2　まず覚えておきたい助動詞は？
前回出てきた will そして can を覚えたい。

その後に must / should / may の意味を覚えるとよい。

Q3　その際のポイントは？
これらの助動詞の意味を2つずつ覚えること。
これで助動詞の大体の雰囲気がつかめる。
日本語を隠して言えるようにしよう。

will	つもり	だろう
can	できる	ありうる
must	しなければならない	ちがいない
should	すべき	はず
may	してもいい	かもしれない

Q4　助動詞の使い方は？
前回の will に準じる形になる。

動詞の原形の前に置き、　　　　I can do 〜
否定は not をつけ（短縮形が多い）、I can't do 〜
疑問は助動詞を先頭におく。　　Can you do 〜

Q5　助動詞はどんなところで活躍するか？

表現が柔らかくなるので会話に助動詞は欠かせない。
その中でも下の2つは特に有用だ。

「～してもいいですか」　　May I ～ / Can I ～
「～してくれますか」　　　Will you ～

Q6　このレベルで他に覚えておきたい助動詞は？

shall である。
これは I や we を主語にして提案の疑問文を作る。

Shall I open the window?　　（窓を開けましょうか）

Q7　助動詞を別の表現で置き換えることは？

可能だ。
同様の意味になる次の3セットを覚えたい。

will → be going to　　（つもり）
can → be able to　　　（できる）
must → have to　　　　（しなければならない）

Q8　ここで注意することは？

次の違いだ。

You mustn't do it.　　　　（君はそれをしてはならない）
You don't have to do it.　（君はそれをする必要はない）

練習問題にチャレンジ

[1] 助動詞の意味に注意して次の英文を訳しなさい。

(1) You must finish this by tomorrow.
_____

(2) He may be right.
_____

(3) Can you speak Chinese?
_____

(4) You should see a doctor soon.
_____

(5) Shall we eat out tonight?
_____

(6) I will be home tomorrow.
_____

(7) May I use this pen?
_____

(8) Can it be true?
_____

(9) You mustn't be late for the meeting.
_____

by までに　right 正しい　true 本当の

Check Your Answers

[1]

(1) must しなければならない

君は明日までにこれを終えなければならない。 Q3

(2) may かもしれない

彼が正しいかもしれない。 Q3

(3) can できる

あなたは中国語を話すことができますか。 Q3

(4) should すべき

あなたはすぐに医者にかかるべきだ。 Q3

(5) shall しましょう

今夜は外食にしましょうか。 Q6

(6) will つもり

私は明日は家にいるつもりです。 Q3

(7) may してもいい

私はこのペンを使ってもいいですか。 Q3

(8) can ありうる

それが本当ということがありうるだろうか。 Q3

(9) mustn't してはならない

あなたはその会議に遅刻してはいけません。 Q8

練習問題にチャレンジ

[2] 同様の意味になるように適語を入れなさい。

(1) She will visit Australia next year.

　　She _____ _____ _____ visit Australia next year.

(2) You must make a reservation first.

　　You _____ _____ make a reservation first.

(3) I couldn't contact him yesterday.

　　I _____ _____ _____ contact him yesterday.

(4) Don't speak ill of others.

　　You _____ speak ill of others.

　　make a reservation 予約をする　speak ill of 悪口を言う

[3] 以下の意味になるように英文を作りなさい。

(1) 私がその車を運転しましょうか。(drive)

_____

(2) 彼がジェインの上司にちがいない。(be)

_____

(3) その窓を閉めてくれますか。(close)

_____

(4) 君は今夜何も持ってこなくてもいい。(bring / anything)

_____

(5) 君が彼らを支えるべきだ。(support)

_____

Check Your Answers

[2]

(1) is going to

彼女は来年オーストラリアを訪れるつもりだ。　　　Q7

(2) have to

あなたはまず予約をしなければならない。　　　Q7

(3) wasn't able to

私は昨日彼に連絡がつかなかった。　　　Q7

(4) mustn't

他人の悪口を言ってはいけない。　　　Q8

[3]

(1) Shall I drive the car?

shall（しましょう）　　　Q6

(2) He must be Jane's boss.

must（ちがいない）　　　Q3

(3) Will you close the window?

will you（してくれますか）　　　Q5

(4) You don't have to bring anything tonight.

don't have to（する必要がない）　　　Q8

(5) You should support them.

should（すべき）　　　Q3

難易度B ☆☆

Q9　助動詞の応用と言えば？

助動詞+完了形だ。

Q10　どんなところで使うのか？

過去の話題について述べる時に使う。
完了形については第6課で扱うので、そこを済ませてからもう一度ここに戻ってきてもよい。

Q11　過去の話題になぜわざわざ完了形を使うのか？

助動詞の後は原形と言う制約があるためだ。
完了形なら過去の意味を含み、しかも原形で始まっている。

Q12　具体的には？

この5つだ。

must have done	したにちがいない
may have done	したかもしれない
can't have done	したはずがない
should have done	すべきだったのに / したはずだ
needn't have done	する必要なかったのに

Q13　他に重要な助動詞は？

本来過去形の助動詞3つだ。
これらは過去の内容に加えて、現在の事柄にもよく使う。

can → could（できた / ありうる）
will → would（だろう / かつてしていた）
may → might（かもしれない）

現在の話題で could / might を使うと can / may よりも可能性が低くなる。

また could と would は丁寧な依頼でもよく使う。
　Would you show me the way?　（道を教えていただけますか）

難易度C　☆☆☆

Q14　熟語については？
まずこの3つを覚えたい。

had better（not）	した(しない)ほうがいい
used to	かつて〜していた
ought to	すべき / するはず（= should）

そして、次にこの3つ。

would rather（not）	むしろ〜したい（したくない）
may well	〜するのも当然 / たぶん〜だ
may（might）as well	〜してもいい

Q15　特別な should とは？
提案・要求の内容を持つ接続詞that の中の should だ。
ただし、この should は省略されて以下のように原形の動詞になることが多いのでその点も踏まえておく必要がある。

　I demanded that she（should）answer the question.
　　（私は彼女がその質問に答えるよう求めた）

ここで使われる動詞は他に
propose / suggest（提案する）　request（要求する）などがある。

練習問題にチャレンジ

[4] 日本文の意味に合うように適語を入れなさい。

(1) 君はここにもっと早く来るべきだったのに。

You _____ _____ come here earlier.

(2) 彼はそのデータを見たにちがいない。

He _____ _____ seen the data.

(3) 彼女がその結果を喜んだはずがない．

She _____ _____ been happy about the result.

(4) 彼はあの時疲れていたのかもしれない。

He _____ _____ been tired at that time.

(5) 君はそんなことをする必要は無かったのに。

You _____ _____ done such a thing.

[5] 下の適語を選択して英文を訳しなさい。1語1回の使用とする。

（couldn't, would, might）

(1) _____ you pass me the salt?

_____

(2) I _____ see the moon because it was cloudy.

_____

(3) She _____ know the truth.

_____

　　　salt 塩　cloudy 曇り　truth 真実

Check Your Answers

[4] 過去の内容に関する内容なので、「助動詞+完了形」にする。

(1) should have 〜すべきだったのに　　　　　　　　　　Q12

(2) must have 〜したにちがいない　　　　　　　　　　Q12

(3) can't have 〜したはずがない　　　　　　　　　　　Q12

(4) may have 〜だったのかもしれない　　　　　　　　Q12

(5) needn't have 〜する必要は無かったのに　　　　　Q12

[5]

(1) Would（Would you は丁寧な依頼で使われる）

　　塩を取ってくれますか。　　　　　　　　　　　　　Q13

(2) couldn't（can の過去形）

　　曇りだったので月は見えなかった。　　　　　　　　Q13

(3) might（might を使うと may よりも可能性が低くなる）

　　ひょっとして彼女はその真実を知っているのかもしれない。

　　　　　　　　　　　　　　　　　　　　　　　　　Q13

練習問題にチャレンジ

[6] 単語を並び替えて英文を作りなさい。

(1) You (well, tired, may , be).

_____

(2) You (better, stop, had, smoking).

_____

(3) I (her, used, call, very , to) often.

_____

(4) I (beer, rather, drink, would).

_____

[7] 次の英文の誤りを修正しなさい。

(1) You had not better ask him for advice.

_____ → _____

(2) He ought cook dinner on the weekend.

_____ → _____

(3) I suggested that she did some exercise.

_____ → _____

(4) She said that she will go to London.

_____ → _____

◼ Check Your Answers

[6]

(1) You may well be tired

君が疲れているのも当然だ。　　　　　　　　　Q14

(2) You had better stop smoking

君はタバコを吸うのを止めた方がいい。　　　　Q14

(3) I used to call her very often.

私はかつて大変よく彼女に電話していた。　　　Q14

(4) I would rather drink beer.

私はむしろビールを飲みたい。　　　　　　　　Q14

[7]

(1) had not better → had better not（had better の否定は最後に not をつける）　君は彼に助言を求めない方がいい。　Q14

(2) ought → ought to （should と同意の表現は ought ではなく ought to）　週末は彼が夕食を作るべきだ。　Q14

(3) did →（should）do （提案を示す表現なので should あるいは動詞の原形）　私は彼女に少し運動するように提案した。　Q15

(4) will → would（said という過去形を使っているので、それに合わせて will も過去形を使う：時制の一致）

彼女はロンドンに行くと言った。　　　　　　　Q13

4 進行形

難易度A ☆

Q1　進行形を使えばどういった意味になるのか？

ある時点で行われていることを表す。
「〜している」という日本語訳で考えると一番わかりやすい。

Q2　どのような形になるのか。

第2章で詳しく扱う準動詞の doing（現在分詞）を用いる。
そして、これに be 動詞をつける。

　　He is working now.（彼は今働いているところだ）

Q3　現在分詞と現在進行形はどこが違うのか？

doing という形にしたものを現在分詞という。
その現在分詞に be 動詞をつけたものが現在進行形だ。

Q4　なぜ進行形に be 動詞が必要なのか。

doing という準動詞だけで「〜している」という意味になる。
しかし、「常に時間を表す」という英文にとって必要な形が作れない。
そこで be 動詞が必要になる。

Q5　現在進行形と現在形はどこが違うのか？

次の例文で見比べてみよう。

　　He calls her every day.　（彼は毎日彼女に電話する）
　　He is calling her now.　　（彼は今彼女に電話している）

このように現在形が現在の習慣や状態について述べるのに対して、現在進行形は今起こっている（＝進行中）動作について述べる。

ただし always などを伴って習慣的なことを示すこともある。
　　He's always working.　　（彼はいつも仕事をしている）

Q6　進行形を使う上で注意することは？

常に進行形が be 動詞の文であるということを忘れないこと。
そこで、be 動詞で否定文や疑問文を作ることになる。

　　否定 He isn't working.　　疑問 Is he working?

Q7　時制の変化は？

be 動詞が時制担当なので was / were あるいは will be を使う。

　　過去 He was working.　　未来 He will be working.
　＊それぞれ過去進行形、未来進行形と言う。

Q8　すべての動詞を進行形にできるのか？

know、like、want などは「〜している」という進行中の意味にならないので進行形にすることはない。

難易度B ☆☆

Q9　進行形の特別な用法とは？

近い未来の内容に対して現在進行形を使うことがある。
これは go や come といった「行き来する」単語でよく用いられる。

　　She is leaving Japan soon.　　（彼女はもうすぐ日本を離れる）

練習問題にチャレンジ

[1] (　)内の単語を加えて英文を進行形に書き直しなさい。

(1) I write an e-mail. (now)

(2) What do you do? (now)

(3) She drove a car. (at that time)

(4) I didn't do anything special. (when you called me)

(5) I will do a part-time job. (at 6 tomorrow)

(6) He comes back. (in a few days)

[2] 次の英文の誤りを正しなさい。

(1) 彼は今彼女の仕事の手助けをしている。

　　He helping her with the work now.

　　　　　　　　　　＿＿＿＿＿＿　→　＿＿＿＿＿＿

(2) 彼女はトムのことをとてもよく知っている。

　　She is knowing Tom very well.

　　　　　　　　　　＿＿＿＿＿＿　→　＿＿＿＿＿＿

Check Your Answers

[1]

(1) I'm writing an e-mail now.

　　私は今Eメールを書いているところだ。　　　　**Q2**

(2) What are you doing now?

　　あなたは今何をしているのですか　　　　**Q6**

(3) She was driving a car at that time.

　　彼女はその時車を運転していた。　　　　**Q7**

(4) I wasn't doing anything special when you called me.

　　君が私に電話してきた時、私は特に何もしていなかった。

　　（この when については第12課「接続詞」を参照）　　**Q7**

(5) I will be doing a part-time job at 6 tomorrow.

　　明日の6時はバイトをしているだろう。　　　　**Q7**

(6) He is coming back in a few days.

　　彼は2、3日したら戻ってくる。

　　（近い未来を現在進行形で表す形）　　　　**Q9**

[2]

(1) helping → is helping

　　進行形には be 動詞が必要。　　　　**Q2**

(2) is knowing → knows

　　know は進行形にならない。　　　　**Q8**

5 受動態

難易度A ☆

Q1 受動態(受身形)の意味は？

通常の文(能動態)が「～する」という意味になるのに対し、受動態では「～される」という意味になる。

Q2 受動態の形は？

準動詞のひとつ done (過去分詞)を利用する。(第2章参照)
この過去分詞は「～される」という意味を持つ。
これに進行形同様、時間を表す be 動詞を付け加える。

　　English is spoken by many people.
　　　　　　　　　　(多くの人々によって英語が話される)

Q3 否定や疑問は？

やはり進行形と同じように be 動詞で作ることになる。

　　否定 English isn't spoken.　疑問 Is English spoken?

Q4 時制の変化はどうする？

ここも進行形同様 be 動詞で過去や未来を表す。

　　過去 English was spoken.　未来 English will be spoken.

Q5 過去分詞はどうやって作るのか？

過去分詞の形は2通りある。
① 過去形と同じもの (規則動詞＋不規則動詞)
　　played、found、left、built、bought、kept、told、thought、got など
② 過去分詞独自の形をもつもの (不規則動詞)
　　spoken、taken、gone、seen、done、been、known、eaten など

難易度B ☆☆

Q6　受動態で用いられる by 以外の前置詞は？

次のようなものがある。

It is covered with snow.	（それは雪でおおわれている）
filled with water.	（水で満たされている）
used as a tool.	（道具として使われる）
known to us.	（私たちに知られている）

Q7　間違えやすいポイントは？

動詞の意味の取り間違いで、受動態にすべきところをしないことがある。

下の動詞の原形は「〜する」ではなく「〜させる」である。
　　excite 興奮させる　　satisfy 満足させる　　disappoint 失望させる
　　please 喜ばす　　　　surprise 驚かす

そこで人の感情を表す時は受動態になる。
　　The result satisfied us.　　　　（その結果は私達を満足させた）
　　We were satisfied with the result.
　　　　　　　　　　　（私達はその結果に満足させられた → 満足した）

Q8　その他の注意点は？

熟語の扱いである。常にそれらをまとめて使う必要がある。
例えば laugh at を受動態にした時に at を省略しない。

　　laugh at（あざ笑う）　→　　I was laughed at by them.
　　　　　　　　　　　　　　　（私は彼らに笑われた）

練習問題にチャレンジ

[1] 以下の単語の過去分詞を書きなさい。

play _____　　build _____　　find _____　　get _____

keep _____　　leave _____　　tell _____　　think _____

be _____　　do _____　　eat _____　　go _____

know _____　　see _____　　speak _____　　take _____

[2] 次の英文を同様の意味の受動態にしなさい。

(1) Many people use a cell phone.

　　A cell phone _____

(2) They don't eat pork.

　　Pork _____

(3) She wrote many stories in English.

　　Many stories _____

(4) He will finish the work soon.

　　The work _____

Check Your Answers

[1]

play（played：規則動詞）build（built）find（found）get（got）

keep（kept）leave（left）tell（told）think（thought）

be（been）do（done）eat（eaten）go（gone）

know（known）see（seen）speak（spoken）take（taken）

Q5

[2]

(1) A cell phone is used by many people.

（受動態は be 動詞+過去分詞）

携帯電話は多くの人々によって使われている。 Q2

(2) Pork isn't eaten by them.

（否定文は be 動詞の否定文にする）

豚肉は彼らによって食べられない。 Q3

(3) Many stories were written in English by her.

（受動態の過去形には was / were を使う）

多くの話が彼女によって英語で書かれた。 Q4

(4) The work will be finished soon by him.

（受動態の未来形には will be を使う）

その仕事は彼によって間もなく終えられる。 Q4

練習問題にチャレンジ

[3] （ ）に適語を入れて英文を完成しなさい。

(1) その劇場はほとんどのアメリカ人に知られている。

　　The theater (　　) (　　) (　　) most Americans.

(2) その箱は布でおおわれていた。

　　The box (　　) (　　) (　　) cloth.

(3) その犬は私の娘によって世話されている。

　　The dog (　　) (　　) (　　) (　　) by my daughter.

(4) 私はクラスメートに笑われた。

　　I was (　　) (　　) (　　) my classmates.

(5) 彼はメンバー達に頼られている。

　　He (　　) (　　) (　　) by the members.

＊ take care of 世話をする　depend on ～に頼る

[4] 正しい英文に書き直しなさい。

(1) We surprised at the news.

(2) Do you satisfied with the job?

(3) I'm pleasing to meet you.

(4) You won't disappoint.

Check Your Answers

[3]

(1) is known to

（by以外の前置詞が用いられる）　　　　　　　　Q6

(2) was covered with

（by以外の前置詞が用いられる）　　　　　　　　Q6

(3) is taken care of

（of を省略しないこと）　　　　　　　　　　　　Q8

(4) laughed at by

（at を省略しないこと）　　　　　　　　　　　　Q8

(5) is depended on

（on を省略しないこと）　　　　　　　　　　　　Q8

[4]

(1) We were surprised at the news. （驚く be surprised）

私達はそのニュースに驚いた。　　　　　　　　　Q7

(2) Are you satisfied with the job? （満足する be satisfied）

あなたはその仕事に満足していますか。　　　　　Q7

(3) I'm pleased to meet you. （うれしい be pleased）

私はあなたに会えてうれしいです。　　　　　　　Q7

(4) You won't be disappointed. （失望する be disappointed）

あなたが失望するようなことはありません。　　　Q7

6 完了形

難易度A ☆

Q1　現在完了形とは？
「過去から現在」までという「幅のある時間」を表す形だ。

Q2　どうやって作るのか？
受動態と同様done（過去分詞）を使うが、今回はbeではなくhaveと組み合わせる。また主語がI、You以外の単数ではhasになる。

　　I have worked here for 10 years.（私はここで10年間働いた）

Q3　なぜ完了形はイメージがとらえづらいのか？
日本語では「完了形」といった形がないからだ。
日本語訳では過去形と区別されないこともある。

　　英語の過去形　It rained yesterday.　　（昨日雨が降った）
　　英語の完了形　It has rained for 3 day.（3日間雨が降った）

Q4　通常どのような日本語の訳になるのか？
「ずっと〜している」「〜したことがある」「〜してしまった」
たいていこの3つのどれかになる。Q3の例では「ずっと〜している」があてはまる。

Q5　否定・疑問はどのような形になるか。
haveをbe動詞のように扱う。

　　I have studied English.（私はずっと英語を勉強している）
　　否定 I haven't studied English.
　　疑問 Have you studied English?　Yes, I have. / No, I haven't.

Q6　完了形はどのような語と共に使われるのか？

前置詞では
　　for ～間　　　　　since ～以来

副詞では
　　ever 今までに　　　never 一度もない
　　already すでに　　　yet まだ / もう
　　just ちょうど

Q7　逆に完了形と共に使えないのは？

過去の一時点を表す単語と共に完了形は使えない。
代表的なものは when と ago だ。

　　When did you come to Japan?　　（いつ日本に来たのか）
　　I came to Japan two weeks ago.　（2週間前に来た）

上の英文を次の完了形と比較するとわかりやすい。

　　How long have you been in Japan?　（どのくらい日本にいるのか）
　　I have been in Japan for 2 weeks.　（2週間日本にいる）

Q8　have been to の意味は？

「行ったことがある」あるいは「行ってきたところ」という意味だ。

　　Have you ever been to Okinawa?
　　　　　　　　（今までに沖縄に行ったことがありますか）
　　I have just been to the station.
　　　　　　　　（ちょうど駅に行ってきたところだ）

練習問題にチャレンジ

[1] （ ）の単語を使って完了形に作り直しなさい。

(1) I didn't send the letter. （yet）
　_____

(2) She is sick. （since last week）
　_____

(3) Did you see a lesser panda? （ever）
　_____

(4) He did his work. （just）
　_____

(5) When did you study French? （How long）
　_____

(6) We know each other. （for twenty years）
　_____

　each other 互いに

[2] 次の英文を日本語にしなさい。

(1) I haven't started my research yet.
　_____

(2) Have you ever been to Korea?
　_____

(3) I've just been to the post office.
　_____

📗 Check Your Answers

[1]

(1) I haven't sent the letter yet.

　　私はその手紙をまだ送っていない。　　　　　　　　Q6

(2) She has been sick since last week.

　　彼女は先週からずっと病気だ。　　　　　　　　　　Q6

(3) Have you ever seen a lesser panda?

　　今までにレッサーパンダを見たことがありますか。　Q6

(4) He has just done his work.

　　彼はちょうど仕事をしてしまったところだ。　　　　Q6

(5) How long have you studied French?

　　フランス語をどのくらい勉強しているのですか。　　Q7

(6) We have known each other for twenty years.

　　私達は20年来の知りあいです。　　　　　　　　　　Q6

[2]

(1) 私はまだ調査をはじめていない。

　　(not – yet まだ～でない)　　　　　　　　　　　　Q6

(2) あなたは韓国に行ったことがありますか。

　　(have been to 行ったことがある)　　　　　　　　Q8

(3) 私はちょうど郵便局に行ったところだ。

　　(have been to 行ってきたところだ)　　　　　　　Q8

難易度B ☆☆

Q9　完了形の応用と言えば？

過去、あるいは未来までの「幅のある時間」を表す形だ。

Q10　作り方は？

時間を担う単語は have なのでこれを had / will have にすればそれぞれ過去完了、未来完了の形になる。

 I had been in the office till then.（その時まで事務所にいた）
 I'll have finished it by tomorrow.（明日までそれを終えてしまう）

Q11　大過去とは？

ある過去の一時点があって、それより前の時間を示す。これには過去完了形を使う。

 I lost the pen that I had bought the day before.
   （前日に買ったペンをなくした：that は関係代名詞）

上の例では lost が過去の一時点、had bought がそれより前の大過去となる。ちなみに、未来についてはそこまで厳密に区別をしないので「大未来」という設定はない。

Q12　完了形を整理するには？

have に注目するだけでいい。そうすると次のようになる。

 have done 現在完了
 had   done 過去完了
 will have done 未来完了

Q13　他に応用的な内容は？

進行形、受動態、完了形の組み合わせだ。

その中でまず覚えたいのが完了形と進行形の組み合わせ（現在完了進行形）だ。
have been -ing という形になる。

　　They've been talking for hours.（彼らは何時間も話し続けている）

Q14　完了進行形は完了形とどこが違うのか？

現在完了進行形の場合は、文字通り「現在も進行中」であることが強調されている。次の2文で違いをはっきりさせよう。

　　It has rained for 3 days.　　　（3日間ずっと雨が降った）
　　It has been raining for 3 days.（3日間雨が降り続いている）

Q15　それ以外の組み合わせは？

受動態を、進行形あるいは完了形にすることがある。

この場合、受動態 be done の be だけに注目する。
be を進行形（is being）、完了形（have been）にすればよい。
そうすると is being done、have been done という形ができる。

　　The car is being used by Tom.
　　　　　　　（その車はトムに使われているところだ）
　　This room has been kept clean.
　　　　　　　（この部屋はきれいに維持されてきた）

練習問題にチャレンジ

[3] ( )内の単語を適当な完了形に変えなさい。

(1) We (be) married for ten years next month. _____

(2) He (be) absent for 3 days. _____

(3) When I arrived there, they (already leave). _____

(4) She found the wallet that I (lose). _____

(5) I (finish) my report by tomorrow. _____

[4] 正しい語順に並び替えなさい。

(1) 彼女はそこでずっと彼を待っている。

　　(been, she, him, there, waiting, has, for)

　　_____

(2) 彼はそのとき叱られているところだった。

　　(then, being, he, scolded, was)

　　_____

(3) 私は私の家族に支えられてきた。

　　(family, by, been, I, supported, my, have)

　　_____

　　scold 叱る

Check Your Answers

[3]

(1) will have been

私達は来月で結婚10年になる。(未来完了)　Q10

(2) has been

彼は3日間欠席だ。(現在完了)　Q2

(3) had already left

私がそこに着いたとき、彼らはすでに出発していた。(過去完了)

Q10

(4) had lost

彼女は私が失くしていた財布を見つけた。(過去完了)　Q10

(5) will have finished

私は明日までにレポートを終えるつもりだ。(未来完了)　Q10

[4]

(1) She has been waiting for him there.

(現在完了進行形: have been doing)　Q13

(2) He was being scolded then.

(受動態の過去進行形: was being done)　Q15

(3) I have been supported by my family.

(受動態の現在完了形: have been done)　Q15

7 第1章のまとめ

難易度A ☆

[1] 次の英文を否定文にしなさい。

(1) I like sports.

(2) My wife drives a car.

(3) He is a college student.

(4) I received a letter from him.

(5) We were in the same section.

(6) She will be back soon.

(7) I'm using the computer now.

(8) I was invited to the party.

(9) I have unpacked.

unpack 荷ほどきする

[1]

(1) I don't like sports.（一般動詞）

私はスポーツが好きではない。　　　　　　　　1-Q8

(2) My wife doesn't drive a car.（一般動詞：I、You以外の単数）

私の妻は車を運転しない。　　　　　　　　　　1-Q8

(3) He isn't a college student.（be動詞）

彼は大学生ではない。　　　　　　　　　　　　1-Q9

(4) I didn't receive a letter from him.（一般動詞の過去形）

私は彼から手紙を受けとっていない。　　　　　2-Q3

(5) We weren't in the same section.（be動詞の過去形）

私達は同じ部署にいなかった。　　　　　　　　2-Q3

(6) She won't (will not) be back soon.（未来形）

彼女はすぐには戻らない。　　　　　　　　　　2-Q6

(7) I'm not using the computer now.（進行形）

私は今そのコンピューターを使っていない。　　4-Q6

(8) I wasn't invited to the party.（受動態）

私はそのパーティーに招かれなかった。　　　　5-Q4

(9) I haven't unpacked.（完了形）

私は荷ほどきをしていない。　　　　　　　　　6-Q5

練習問題にチャレンジ

[2] 次の英文を疑問文にしなさい。(I は You にする)

(1) I like rock music.

(2) He has a child.

(3) She is married.

(4) I bought a new cell phone.

(5) They were good friends.

(6) I can pick up Lucy.

(7) She is studying Japanese.

(8) The story was written by Tom.

(9) I have fixed the shelf.

married 結婚している　pick up 迎えに行く　fix 修理する

Check Your Answers

[2]

(1) Do you like rock music?（一般動詞）

あなたはロックが好きですか。　　　**1-Q10**

(2) Does he have a child?（一般動詞：I、You 以外の単数）

彼には子供がいるのですか。　　　**1-Q10**

(3) Is she married?（be 動詞）

彼女は結婚しているのですか。　　　**1-Q10**

(4) Did you buy a new cell phone?（一般動詞の過去形）

あなたは新しい携帯電話を買ったのですか。　　　**2-Q4**

(5) Were they good friends?（be 動詞の過去形）

彼らは親友だったのですか。　　　**2-Q4**

(6) Can you pick up Lucy?（助動詞）

ルーシーを迎えに行けますか。　　　**3-Q4**

(7) Is she studying Japanese?（進行形）

彼女は日本語を勉強しているのですか。　　　**4-Q6**

(8) Was the story written by Tom?（受動態）

その話はトムによって書かれたのですか。　　　**5-Q4**

(9) Have you fixed the shelf?（完了形）

あなたは棚の修理をしてしまいましたか。　　　**6-Q5**

練習問題にチャレンジ

[3] 下線部を尋ねる質問を作りなさい。

(1) I usually go to bed at eleven.
　　_____

(2) He is making a chair now.
　　_____

(3) Susan made this cake.
　　_____

(4) I have been in Hong Kong for ten years.
　　_____

[4] (　) 内の単語を適当な形に変えなさい。

(1) He (wash) his dog now.　　　　　　　_____

(2) I (go) to a concert last night.　　　　_____

(3) She (be) in India since last year.　　_____

(4) The computer (use) by my sister.　_____

(5) My son (practice) the piano every day.　_____

(6) I (meet) him at the airport tomorrow.　_____

Check Your Answers

[3]

(1) What time do you usually go to bed?（疑問詞+一般動詞）

あなたはたいてい何時に寝ますか。　　　　　1-Q12

(2) What is he making now?（疑問詞+進行形）

彼は今何を作っていますか。　　　　　　　　4-Q6

(3) Who made this cake?（疑問詞が主語）

だれがこのケーキを作ったのですか。　　　　1-Q13

(4) How long have you been in Hong Kong?（疑問詞+完了形）

あなたは香港にどのくらいいるのですか。　　6-Q7

[4]

(1) is washing（now → 現在進行形）

彼は今彼の犬を洗っている。　　　　　　　　4-Q2

(2) went（last night → 過去形）

私は昨夜コンサートに行った。　　　　　　　2-Q2

(3) has been（since → 現在完了形）

彼女は昨年からインドにいる。　　　　　　　6-Q2

(4) is used（by → 受動態）

そのコンピューターは姉によって使われている。　5-Q2

(5) practices（every day → 現在形）

私の息子は毎日ピアノを練習している。　　　1-Q4

(6) will meet（tomorrow → 未来形）

私は明日空港で彼を出迎えるつもりだ。　　　2-Q5

練習問題にチャレンジ

[5] 最も適切なものを選択しなさい。

(1) A: (　) I borrow your pen?

　　B: Sure. Go ahead.

　　① Should　　　　② Shall　　　　③ Can

(2) What are you (　) to do in Australia?

　　① going　　　　② coming　　　　③ doing

(3) A: (　) is your father?

　　B: He is fine.

　　① What　　　　② How　　　　③ Where

(4) The glass was (　) by my child.

　　① broke　　　　② breaking　　　　③ broken

(5) A: (　) painted this?

　　B: I did.

　　① Who　　　　② Whose　　　　③ What

(6) A: Have you (　) visited Tohoku?

　　B: Yes, once.

　　① yet　　　　② ever　　　　③ never

(7) We (　) a party at that time.

　　① did enjoying　　② were enjoying　　③ are enjoying

(8) A: Must I call her now?

　　B: No, you (　) . She'll be here soon.

　　① aren't able to.　　② aren't going to　　③ don't have to

Check Your Answers

[5]

(1) ③ (Can I 〜できますか)

　　A：あなたのペンを借りてもいいですか。B：もちろん。どうぞ。

　　　　　　　　　　　　　　　　　　　　　　　　　　　3-Q5

(2) ① (be going to do 〜するつもり)

　　オーストラリアでは何をするつもりですか。　3-Q7

(3) ② (How どうですか)

　　A：お父さんはどうですか。B：元気です。　1-Q12

(4) ③ (be broken 割られる)

　　そのグラスは私の子供によって割られた。　5-Q4

(5) ① (who 誰が：疑問詞が主語)

　　A：誰がこれを描いたのですか。B：私です。　1-Q13

(6) ② (ever 今までに)

　　A：今までに東北を訪れたことがありますか。B：はい、一度。

　　　　　　　　　　　　　　　　　　　　　　　　　　　6-Q6

(7) ② (were enjoying：過去進行形)

　　A：私たちはその時パーティーを楽しんでいた。　4-Q7

(8) ③ (don't have to 〜する必要はない)

　　A：今彼女に電話しなければなりませんか。

　　B：いいえ、その必要はありません。彼女はすぐ来ます。3-Q8

練習問題にチャレンジ

難易度B ☆☆

[6] ( )に適語を入れて英文を完成しなさい。

(1) 君は始発電車に乗るべきだった。

You ( ) ( ) ( ) the first train.

(2) 1週間雪が降り続いている。

It ( ) ( ) ( ) for a week.

(3) その選手の名前は多くの人々に知られている。

The player's name ( ) ( ) ( ) many people.

(4) 彼女はうそをついたにちがいない。

She ( ) ( ) ( ) a lie.

(5) 私が彼に電話した時、彼はすでに事務所を出ていた。

He ( ) already ( ) the office when I called him.

(6) 彼は自分の収入に満足している。

He ( ) ( ) ( ) his income.

(7) その歌手は来月日本にやってくる。

The singer is ( ) to Japan next month.

(8) 私は来年で10年日本にいることになる。

I ( ) ( ) ( ) in Japan for ten years next year.

---

take a train 列車に乗る　　tell a lie うそをつく

Check Your Answers

[6]

(1) should have taken

(should + 完了形：〜すべきだった)　　3-Q12

(2) has been snowing

(現在完了進行形 have been -ing：ずっと〜している)　6-Q13

(3) is known to

(受動態 by 以外の前置詞：be known to 〜に知られている)

5-Q6

(4) must have told

(must + 完了形：〜したにちがいない)　3-Q12

(5) had / left

(過去完了形：過去よりも前の事柄を表す)　6-Q10

(6) is satisfied with

(be satisfied with：〜に満足している)　5-Q7

(7) coming

(現在進行形で近い未来を表す)　4-Q9

(8) will have been

(未来完了：未来までの継続を表す)　6-Q10

練習問題にチャレンジ

[7] 最も適切なものを選択しなさい。

(1) It started raining. I (　) the flowers.

　① need water　　② needn't water　　③ needn't have watered

(2) The glass (　) wine.

　① filled of　　② was filled with　　③ was filled by

(3) He (　) have been sick. He was playing around.

　① can't　　② must　　③ should

(4) He sold the game that he (　) bought the day before.

　① has　　② have　　③ had

(5) The woman was (　) by her grandchildren.

　① looking after　　② look after　　③ looked after

look after 世話をする

難易度C ☆☆☆

[8] 空所に適当な語を入れなさい。

(1) 私は疲れているのでむしろ家にいたい。

　I (　　) (　　) (　　) home because I feel tired.

(2) 君が彼女に怒るのももっともだ。

　You (　　) (　　) (　　) angry with her.

(3) 彼は彼女が代金を払うことを要求した。

　He demanded that (　　) (　　) the price.

Check Your Answers

[7]

(1) ③ (needn't + 完了形　〜する必要はなかった)

雨が降り出した。花に水をやる必要はなかった。　3-Q12

(2) ② (be filled with　〜で満たされている)

そのグラスはワインで満たされていた。　5-Q6

(3) ① (can't +完了形　〜だったはずがない)

彼が病気だったはずがない。彼は遊び歩いていた。　3-Q12

(4) ③ (過去完了形：sold よりも前の時制)

彼はその前日に買ったゲームを売った。　6-Q11

(5) ③ (look after の受動態　after を省略しない)

その女性は孫達によって世話された。　5-Q8

[8]

(1) would rather stay

(would rather　むしろ〜したい)　3-Q14

(2) may well be

(may well　〜するのももっともだ)　3-Q14

(3) she pay

要求を示す内容では動詞の原形あるいは should を使う。

demanded の時制にあわせて pay を過去形にしないこと。

3-Q15

─英文法トライアングル その1─

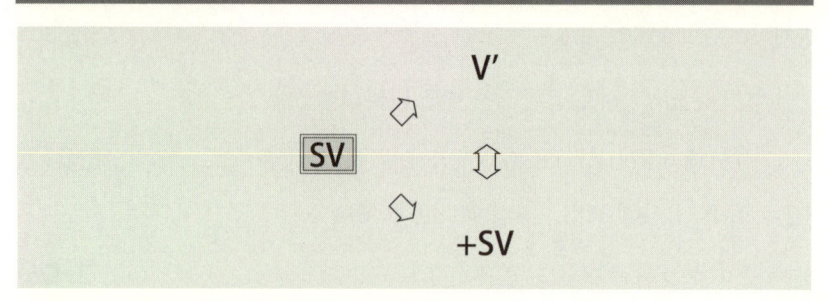

```
              V'
              ⇧
      SV  ⇔
              ⇩
              +SV
```

英文法はどのような形をしているのだろう。
上のような三角形をイメージすると全体像がつかみやすい。
Sは主語、Vは動詞、V'は準動詞を表す。
第1章で学んだことは左側のSVである。

第1章ではいろいろなタイプのVを学んだが語数で区別してみよう。
1語からなるものが一般動詞とbe動詞の現在形、過去形だ。
そして2語からなるものが助動詞と準動詞(doing / done)を用いるタイプのものだ。

準動詞を用いるタイプには、doingにbe動詞追加の進行形、さらにdoneにbe動詞を追加した受動態、同じくdoneにhaveを追加した完了形の3つがある。

これらそれぞれについて疑問文と否定文を作ることができれば第1章は終了である。

それでは準動詞が本来の位置で活躍する第2章へ進んでいこう。

第2章

動詞を追加する

8　不定詞

難易度A ☆

Q1　準動詞とは？

動詞を追加するために「動詞の形を変えたもの（V→V′）」だ。
準動詞は to do、doing、done という3種類があるが、「準」という文字が示すようにこれらはいずれも動詞ではない。そのために文中にいくらでも追加できる。

Q2　不定詞とは？

準動詞の一種で to do という形を持つものだ。
to の後は必ず原形になる。
基本イメージは「未来」で、主に「これから起こる」ことに使われる。
また次のような日本語訳を考えるのも助けになる。

　　「〜すること」「〜するため」

Q3　不定詞は具体的に英文のどこで使われているのか？

英文を下のような4つのポジションに分類し順に見ていくとわかりやすい。（動詞部分を構成する形は難易度Cにある）

Tom　plays　tennis　there.
主語　動詞　目的語　修飾語

Q4　主語としては？

文頭に不定詞が来る。

To speak English is fun.（英語を話すことはおもしろい）

また It（形式主語）が使われることがある。

　It is interesting to speak English.（英語を話すことはおもしろい）
　It is interesting for me to speak English.（私にとって〜）

Q5　目的語・補語としては？

動詞の後に不定詞が来る。

I like to play soccer.（私はサッカーをすることが好きだ）

これには want、need、begin などの動詞もよく用いられる。

また疑問詞を伴う形もある。

 I don't know where to go.（どこに行けばいいかわからない）

 Do you know when to start?（いつスタートするかわかりますか）

Q6　修飾語としては？

名詞や動詞を修飾する。

 I want water to drink.　（私は飲むための水が欲しい）

 I worked hard to succeed.　（成功するために熱心に働いた）

また感情を表す表現にも用いられることがある。

 I'm glad to see you.　（私は君に会えてうれしい）

これには他に happy、sad、sorry などの形容詞が用いられる。

Q7　他に重要な形は？

人に動作を促す形だ。

 I want you to do this job.（私は君にこの仕事をしてもらいたい）

 他に ask ～ to do（頼む）/ tell ～ to do（言う）

  get ～ to do（してもらう）

Q8　熟語としては？

このレベルでは2つ覚えたい

 too ～ to do　　…するには～すぎる

 ～ enough to do　…するのに十分～

 ＊ただし名詞の場合は "enough 名詞" という語順になる。

第2章　動詞を追加する

練習問題にチャレンジ

[1] 文中の動詞を不定詞に変えて英文を修正しなさい。

例 catch → to catch

(1) My dream is live in Spain.　　　　　_____ → _____

(2) I had nothing eat.　　　　　　　　　_____ → _____

(3) It is difficult for me speak German. _____ → _____

(4) I'm sorry trouble you.　　　　　　　_____ → _____

(5) We needed fix this copy machine.　 _____ → _____

[2] 次の日本文を英文にしなさい。

(1) 私は次に何をすればいいか知らない。

　　_____ I don't _____ to do _____

(2) 私は始発電車に乗るために5時に起きた。

　　_____ I got up _____ to take _____

(3) これは日本語を学ぶためのよい方法だ。

　　_____ This is _____ to learn _____

(4) その山に登ることは簡単ではなかった。

　　_____ It wasn't _____ to climb _____

next 次に　　the first train 始発電車　　way 方法　　mountain 山

Check Your Answers

[1]

(1) live → to live（住むこと）

　　私の夢はスペインに住むことだ。　　　　　　　　　　　Q5

(2) eat → to eat（食べるための）

　　私は食べるものが何もなかった。　　　　　　　　　　　Q6

(3) speak → to speak（話すこと）

　　私にとってドイツ語を話すことは難しい。(It - for - to - の形)　Q4

(4) trouble → to trouble（迷惑をかけて）

　　ご迷惑をかけて申し訳ありません。　　　　　　　　　　Q6

(5) fix → to fix（修理すること）

　　私達はこのコピー機を修理する必要があった。　　　　　Q5

[2]

(1) I don't know what to do next.

　　（what to do 何をすればいいか）　　　　　　　　　　　Q5

(2) I got up at five to take the first train.

　　（to take 乗るために：got up を修飾）　　　　　　　　Q6

(3) This is a good way to learn Japanese.

　　（to learn 学ぶための：a good way を修飾）　　　　　　Q6

(4) It wasn't easy to climb the mountain.

　　（to climb 登ること）　　　　　　　　　　　　　　　　Q4

練習問題にチャレンジ

[3] 指定された単語を利用して英文を作り直しなさい。

例 It snowed. (began)

It began to snow.

(1) I read magazines. (like)

(2) My hobby is golf. (play)

(3) I want the DVD. (buy)

(4) Do you have anything cold? (drink)

[4] 次の英文を日本語にしなさい。

(1) He went to America to study English.

(2) I was happy to hear the news.

(3) This desk is too heavy to carry.

(4) I want her to help me.

Check Your Answers

[3]

(1) I like to read magazines.

　　私は雑誌を読むことが好きだ。　　　　　　　　　Q5

(2) My hobby is to play golf.

　　私の趣味はゴルフをすることだ。　　　　　　　　Q5

(3) I want to buy the DVD.

　　私はその DVD を買いたい。　　　　　　　　　　Q5

(4) Do you have anything cold to drink?

　　何か冷たい飲み物はありますか。　　　　　　　　Q6

[4]

(1) 彼は英語を勉強するためにアメリカに行った。

　　（to study 勉強するために）　　　　　　　　　　Q6

(2) 私はそのニュースを聞いてうれしかった。

　　（to hear 聞いて）　　　　　　　　　　　　　　Q6

(3) この机は運ぶには重すぎます。

　　（too ～ to do …するには～すぎる）　　　　　　Q8

(4) 私は彼女に私を手伝ってもらいたい。

　　（want ～ to do ～に…してもらいたい）　　　　Q7

練習問題にチャレンジ

[5] 空所に適当な単語を入れなさい。

(1) 彼の家を見つけるのは簡単だった。

(　　　) was easy (　　　) (　　　) his house.

(2) 私は親戚を訪ねるために九州へ行った。

I went to Kyushu (　　　) (　　　) my relatives.

(3) 私はその時何と言えばいいのか分からなかった。

I didn't know (　　　) (　　　) (　　　) at that time.

(4) あなたはこの機械の使い方を知っていますか。

Do you know (　　　) (　　　) (　　　) this machine?

(5) 私は彼女にすぐにそこに行くように言った。

I (　　　) her (　　　) (　　　) (　　　) at once.

(6) 私は彼に車を洗ってもらった。

I (　　　) him (　　　) (　　　) the car.

[6] 指定された語を使って英文を作りなさい。

(1) 私は彼に水を持ってくるように頼んだ。(to bring)

_____

(2) 私はあまりに忙しすぎて君に電話できなかった。(to call)

_____

(3) 彼は車を運転するのに十分な年齢だ。(old enough)

_____

Check Your Answers

[5]

(1) It / to find

（形式主語を使った It - to do の形）　　Q4

(2) to visit

（to visit 訪れるために : went を修飾）　　Q6

(3) what to say

（what を使った疑問詞 to do の形）　　Q5

(4) how to use

（how を使った疑問詞 to do の形）　　Q5

(5) told / to go there

（tell 〜 to do するように言う）　　Q7

(6) got / to wash

（get 〜 to do してもらう）　　Q7

[6]

(1) I asked him to bring water.

（ask 〜 to do …するように頼む）　　Q7

(2) I was too busy to call you.

（too 〜 to do …するには〜すぎる）　　Q8

(3) He is old enough to drive a car.

（〜 enough to do …するのに十分〜）　　Q8

難易度B ☆☆

Q9　このレベルでまず学ぶことは？

不定詞の否定と過去だ。

否定については直前に not を置く。

　　I told her not to go there alone.
　　　　　　　（私は彼女にそこに一人で行かないように言った）

過去については現在完了形を使う。

　　He is said to have been sick.（彼は病気だったと言われている）

Q10　次に話題になるポイントは？

前置詞の扱いだ。2つある。

まず形式主語。前に It - for - to do という形を学んだが、
「人の性質」の時は It - of - to do となる。

　　It is kind of you to say so.（そんなことを言うとは親切ですね）
　　他に careful、wise などが用いられる。

次は名詞を修飾する時に最後に前置詞が残る形だ。

　　I need a chair to sit on.（座るための椅子が欲しい）
　　＊元が sit on a chair という形だからである。

Q11　使役動詞、知覚動詞がなぜ不定詞で話題になるのか？

目的語の後ろにくる不定詞が原形になるからだ。

使役動詞（make させる　have してもらう　let させておく）
　　I made him give up his plan. 私は彼に計画をあきらめさせた。

知覚動詞（see 見る　hear 聞く　feel 感じる）
　　I saw him play the violin. 私は彼がバイオリンを弾くのを見た。

原形不定詞を使う形は他に次のようなものがある。

　　do nothing but（do）　　　　〜してばかりいる

All you have to do is (do)　　〜しさえすればいい

難易度C ☆☆☆

Q12　重要表現としては？

まず want to do と同じ語順になるもの。

come to (do) / get to (do)	〜するようになる
seem to (do)	〜のようだ
manage to (do)	なんとか〜する
happen to (do)	たまたま〜する

次は目的を表す熟語だ。

in order to (do) / so as to (do)　〜するために

最後に、独立した形のものだ。

To begin with,	はじめに
To be frank with you,	率直に言って
To tell the truth,	実を言うと
Needless to say,	言うまでもなく
so to speak	いわゆる

Q13　さらに発展的内容は？

3つある。

使役動詞や知覚動詞が受動態になった時 to do に戻る。
　I was made to accept it.　私はその計画を受け入れさせられた。

be to (do)。予定、義務、可能を表す形式的表現(動詞部分を構成)。
　He is to visit Japan soon. 彼はまもなく来日予定である。

結果を表す表現。only や never などと共に使う。
　I did my best only to fail.（全力をつくしたが失敗しただけだった）

練習問題にチャレンジ

[7] 指示に従って英文を書き直しなさい。

(1) I decided to do a part-time job. → 「しないことに決めた」

_____

(2) I told him to follow the advice. → 「従わないように言った」

_____

(3) She seems to be worried.　　→ 「ずっと悩んでいたようだ」

_____

(4) He is thought to be rich.　　→ 「〜だったと思われている」

_____

[8] 次の英文の誤りを正しなさい。

(1) 彼女は教授だったと言われている。

　　She is said to was a professor.　_____ → _____

(2) 彼は不注意にも財布を置き忘れた。

　　It was careless for him to leave the wallet.

　　　　　　　　　　　　　　　　　　_____ → _____

(3) 私には一緒に話す人がいない。

　　I have nobody to talk.　_____ → _____

(4) 私は書くための紙を持っていない。

　　I don't have paper to write.　_____ → _____

Check Your Answers

[7]

(1) I decided <u>not to do</u> a part-time job.（不定詞の否定）
私はバイトはしないことに決めた。　　　　　　　　Q9

(2) I told him <u>not to follow</u> the advice.（不定詞の否定）
私は彼にその助言に従わないようにいった。　　　　Q9

(3) She seems <u>to have been</u> worried.（完了不定詞）
彼女はずっと悩んでいたようだ。　　　　　　　　　Q9

(4) He is thought <u>to have been</u> rich.（完了不定詞）
彼は金持ちだったと思われている。　　　　　　　　Q9

[8]

(1) to was → to have been
（to の後は原形。過去の内容は現在完了形で表す）　Q9

(2) for him → of him
（「人の性質」を表す時の形式主語は It - of - to do の形）　Q10

(3) to talk → to talk with（to talk to も可）
（talk with nobody なので最後に with が必要）　Q10

(4) to write → to write on
（write on paper なので最後に on が必要）　Q10

練習問題にチャレンジ

[9] 指示された単語を利用して英文を作りなさい。

(1) 私は彼らに自分の名前を書かせた。(made / write)

(2) 私は彼にお茶をいれてもらった。(had / make)

(3) 私は彼女に私の携帯電話を使わせてあげた。(let / use)

(4) 私は彼が数学を教えているのを見た。(saw / teach)

(5) 君は今までに彼が歌うのを聞いた事がありますか？(hear / sing)

[10] 次の英文を日本語に訳しなさい。

(1) My children are doing nothing but play video games.

(2) All you have to do is press this button.

(3) We happened to be in the same class.

(4) I want to lose weight so as to stay healthy.

Check Your Answers

[9]

(1) I made them write their names.
　　（使役動詞(make) 目的語 原形）　　　　　　　　　Q11

(2) I had him make tea.
　　（使役動詞(have) 目的語 原形）　　　　　　　　　Q11

(3) I let her use my cell phone.
　　（使役動詞(let) 目的語 原形）　　　　　　　　　Q11

(4) I saw him teach math.
　　（知覚動詞(see) 目的語 原形）　　　　　　　　　Q11

(5) Have you ever heard him sing?
　　（知覚動詞(hear) 目的語 原形）　　　　　　　　　Q11

[10]

(1) 私の子供達はテレビゲームばかりしている。
　　（do nothing but 〜ばかりする）　　　　　　　　Q11

(2) 君はこのボタンを押すだけでよい。
　　（all you have to do is 〜しさえすればよい）　　Q11

(3) 私達はたまたま同じクラスだった。
　　（happen to たまたま〜）　　　　　　　　　　　Q12

(4) 私は健康を維持するために体重を減らしたい。
　　（so as to 〜するために）　　　　　　　　　　　Q12

練習問題にチャレンジ

[11] 空所に適切な語を入れなさい。

(1) (　　　) (　　　) (　　　) truth, I forgot the password.

(2) He is, (　　　) (　　　) speak, a born dancer.

(3) Needless (　　　) (　　　), she didn't show up.

(4) (　　　) (　　　) with, I'd like to outline the project.

(5) (　　　) (　　　) (　　　) with you, it's a failure.

[12] 並び替えて正しい英文を作りなさい。

(1) I (understand, to, feelings, came, their)
_____

(2) We (work, to, were, made, till) late.
_____

(3) She's (accounting, to, a , get, studying , in order) job.
_____

(4) They (to, complete, are, the) research by next month.
_____

(5) I opened (find, only, to, the box) it empty.
_____

accounting 経理　complete 終える　empty 空の

Check Your Answers

[11]

(1) To tell the (truth)「実を言うと」

実を言うと私はパスワードを忘れた。　　　　　　Q12

(2) so to (speak)「いわゆる」

彼はいわゆる生まれついてのダンサーだ。　　　　Q12

(3) (Needless) to say「言うまでもなく」

言うまでもなく彼女は現れなかった。　　　　　　Q12

(4) To begin (with)「はじめに」

はじめに、プロジェクトの概略を説明したい。　　Q12

(5) To be frank (with you)「率直に言って」

率直に言って、それは失敗だ。　　　　　　　　　Q12

[12]

(1) I came to understand their feelings.（come to）

私は彼らの気持ちがわかるようになった。　　　　Q12

(2) We were made to work till late.（使役動詞の受動）

私達は遅くまで働かされた。　　　　　　　　　　Q13

(3) She's studying accounting in order to get a job.（in order to）

彼女は仕事を得るために経理を学んでいる。　　　Q12

(4) They are to complete the research by next month.（be to）

彼らは来月までにその調査を終える予定になっている。　Q13

(5) I opened the box only to find it empty.（結果）

私はその箱を開けたが、空だと分かっただけだった。　Q13

9 動名詞

難易度A ☆

Q1 動名詞とは何か？

準動詞のひとつで、ing をつけて名詞として扱うものだ。
「〜すること」という訳で考えるとよい。eating（食べること）

Q2 どのようなところで動名詞は使われるのか？

主語や目的語・補語で用いられる。

 Playing soccer is fun.　　　（サッカーをすることは面白い）

そして前置詞の後ろだ。ここは動名詞以外の準動詞は使えない。

 without saying a word　　　（一言も言うことなしに）

Q3 不定詞にも名詞の働きがあるのでは？

主語として使う場合、あるいは like / love や start / begin の目的語としては動名詞と不定詞はほとんど区別なく使われている。
しかし特定の動詞の目的語については使い分けが必要だ。

Q4 動名詞を目的語として使う動詞とは？

このレベルでは enjoy、finish、stop の3つを覚えたい。

enjoy -ing	〜することを楽しむ
finish -ing	〜することを終える
stop -ing	〜することをやめる

Q5 He stopped to call her. という英文もあるのでは？

この to call her は目的語ではなく修飾語だ。
意味は「彼は彼女に電話するために立ち止まった」になる。
stop の目的語はあくまでも -ing の形になる。

難易度B ☆☆

Q6　動名詞を目的語とする動詞は他にどのようなものがあるか？

「気が進まない」行為だ。次の4つが代表例だ。

avoid -ing　避ける　　　　mind -ing　気になる
put off -ing　延期する　　give up -ing　あきらめる

逆に不定詞でなければならないものは「やる気のある」動作だ。

decide to do　決める　　　promise to do　約束する
hope to do　希望する　　　intend to do　意思がある

Q7　remember to do と remember doing の違いは？

remember / forget は動名詞か不定詞かで意味が変わってくる。

I remember to see him tonight.「今夜彼に会うことは覚えている」
I remember seeing him before.「以前彼に会ったことを覚えている」
　＊to do が「未来志向」の準動詞であることを思い出そう。

また try では以下のような違いがある。
　try swimming は「水泳を試してみる」
　try to swim は「泳ごうとする」

Q8　不定詞と共通のポイントはあるか？

動名詞も準動詞なので不定詞と同じ問題がある。

動名詞の主語、否定、そして過去。この3点である。

Q9 それぞれどのようにすればよいのか？

主語については所有格あるいは目的格にする。

I don't like his (him) smoking.
　　　　　　　（私は彼がタバコを吸うのは好きではない）

否定と過去は不定詞と同様だ。
否定については 直前に not をつけ、
過去の内容については完了形で表現する。

I don't mind not watching TV.
　　　　　　　（私はテレビを見ないのは気にならない）
I'm proud of having won the prize.
　　　　　　　（私はその賞をとったことを誇りにしている）

難易度C ☆☆☆

Q10　慣用表現については？

動名詞はその数が多いので優先順位をつけて覚えたほうがよい。

まずこの2つだ。

look forward to -ing	期待する
be used to -ing	慣れている

そして次にこの3つ。

be worth -ing	〜する価値がある
feel like -ing	〜したい
cannot help -ing	〜せざるをえない

さらに前置詞から始まるものが3つ。

in -ing	〜するときに
on -ing	〜するとすぐに
of one's own -ing	自分で〜した

最後に文全体を作る形として4つ。

What do you say to -ing	〜はどうですか
There is no -ing	〜できない
It is no use -ing	〜しても仕方ない
It goes without saying that	言うまでもなく〜

これで動名詞を使った慣用表現も大丈夫だ。

練習問題にチャレンジ

[1] 文中のある単語を動名詞にしなさい。

(1) 外国語を学ぶことは面白い。

　　Learn a foreign language is fun.

　　　　　　＿＿＿＿＿＿＿＿　→　＿＿＿＿＿＿＿＿

(2) 私の妻はクラシック音楽を聞くことが好きだ。

　　My wife likes listen to classical music.

　　　　　　＿＿＿＿＿＿＿＿　→　＿＿＿＿＿＿＿＿

(3) 彼はゴルフをすることが得意だ。

　　He is good at play golf. ＿＿＿＿＿＿＿＿　→　＿＿＿＿＿＿＿＿

(4) 雨は午前中に降り止んだ。

　　It stopped rain in the morning.

　　　　　　＿＿＿＿＿＿＿＿　→　＿＿＿＿＿＿＿＿

(5) 彼女は辞書を使わずに英語の本を読む。

　　She reads a book in English without use a dictionary.

　　　　　　＿＿＿＿＿＿＿＿　→　＿＿＿＿＿＿＿＿

[2] (　)内の単語を適当な形に変えなさい。

(1)　I often enjoy (watch) action movies.　＿＿＿＿＿＿＿＿

(2)　I called her (ask) for her help.　＿＿＿＿＿＿＿＿

(3)　I want something (drink)　＿＿＿＿＿＿＿＿

(4)　She is proud of (be) a lawyer.　＿＿＿＿＿＿＿＿

Check Your Answers

[1]

(1) Learn → Learning

　　（主語に動名詞を使う） Q2

(2) listen → listening

　　（likes の目的語に動名詞を使う） Q2

(3) play → playing

　　（前置詞の後ろは動名詞を使う） Q2

(4) rain → raining

　　（stop の目的語は動名詞を使う） Q4

(5) use → using

　　（前置詞の後ろは動名詞を使う） Q2

[2]

(1) watching（enjoy の目的語なので -ing にする）

　　私はよくアクション映画を見ることを楽しむ。 Q4

(2) to ask（「～するために」→ to do）

　　私は手助けを求めるために彼女に電話した。 8-Q6

(3) to drink（「～するための」→ to do）

　　私は何か飲み物が欲しい。 8-Q6

(4) being（前置詞の後ろなので -ing にする）

　　彼女は弁護士であることを誇りにしている。 Q2

練習問題にチャレンジ

[3] 日本語に合うように空所に適当な語を入れなさい。

(1) 君は今夜彼に電話することを覚えておかなくてはならない。

You must remember (　　　) (　　　) (　　　) tonight.

(2) 私はその時彼女に会うのは避けていた。

I (　　　) (　　　) her then.

(3) 私はそのドアを開けようとしたが、鍵がかかっていた。

I (　　　) (　　　) (　　　) the door, but it was locked.

(4) 私はトムがそのレースに勝つと確信している。

I'm sure of (　　　) (　　　) the race.

(5) 私達はその予約を取り消すことに決めた。

We decided (　　　) (　　　) the reservation.

win 勝つ　cancel 取り消す

[4] 指定された語を利用して英文を作りなさい。

(1) 私はその答えを知らないことが恥ずかしい (be ashamed of / know)

___

(2) 私はうそをついてしまったことを後悔している。(regret / tell a lie)

___

(3) 私は今何も飲みたくない。(feel like / anything)

___

be ashamed of 恥じる　regret 後悔する

Check Your Answers

[3]

(1) to call him

（remember to do 〜することを覚えている）　　Q7

(2) avoided seeing

（avoid -ing 〜することを避ける）　　Q6

(3) tried to open

（try to do 〜しようとする）　　Q7

(4) Tom（または Tom's）winning

（動名詞の主語は主格または目的格）　　Q9

(5) to cancel

（decide to do 〜することを決める）　　Q6

[4]

(1) I'm ashamed of not knowing the answer.

（動名詞の否定 → 動名詞の直前に not）　　Q9

(2) I regret having told a lie.

（過去の内容 → 動名詞を完了形）　　Q9

(3) I don't feel like drinking anything now.

（feel like -ing 〜したい）　　Q10

練習問題にチャレンジ

[5] 次の英文を和訳しなさい。

(1) I forgot to tell her about the change of the schedule.

_____

(2) I think this movie is worth seeing many times.

_____

(3) I'm looking forward to seeing you soon.

_____

(4) We couldn't help agreeing with their opinion.

_____

(5) What do you say to going to the museum?

_____

[6] 次の英文の誤りを正しなさい。

(1) 私はそのレストランで彼女に会ったことを今でも覚えている。

 I still remember to see her at the restaurant.

         _____ → _____

(2) 私は彼が試験に合格することを確信している。

 I'm sure of he passing the exam. _____ → _____

(3) 次に何が起こるか言うことはできない。

 There is not telling what will happen next.

         _____ → _____

(4) 私は早く起きることには慣れている。

 I'm used to get up early.   _____ → _____

Check Your Answers

[5]

(1) 私は予定の変更について彼女に言うことを忘れていた。

（forgot to do 〜することを忘れる）　　　　　　　　Q7

(2) この映画は何度も見る価値があると私は思う。

（be worth -ing 〜する価値がある）　　　　　　　　Q10

(3) 私はあなたにすぐに会えることを楽しみにしています。

（look forward to -ing 楽しみにする）　　　　　　　Q10

(4) 私達は彼らの意見に賛成せざるをえなかった。

（can't help -ing 〜せざるをえない）　　　　　　　Q10

(5) 博物館に行くというのはどうですか。

（What do you say to -ing 〜はどうですか）　　　　Q10

[6]

(1) to see → seeing

（remember -ing 〜したことを覚えている）　　　　Q7

(2) he → his または him

（動名詞の主語）　　　　　　　　　　　　　　　　Q9

(3) not → no

（There is no -ing 〜できない）　　　　　　　　　Q10

(4) get → getting

（be used to -ing 〜することに慣れている）

*used to do（かつて〜していた）と区別すること。　Q10

10 分詞

難易度A ☆

Q1　分詞とは何か？

準動詞のひとつで、doing（現在分詞）やdone（過去分詞）の形をとり、修飾語や補語として機能する。

Q2　現在分詞と動名詞はどこが違うのか？

形は同じで共にdoingである。（昔は違う形だった）
しかし意味は違う。訳を考えればすぐにわかる。
「～すること」なら動名詞。
「～している」なら現在分詞。

Q3　現在分詞と過去分詞との違いは時制の違いか？

誤解されやすいところだが、そうではない。
これらは準動詞（つまり動詞ではない）なので時制を決められない。
doing「～している（能動）」とdone「～される（受動）」という意味の違いが両者の違いである。

Q4　分詞を使う場所は？

1語なら、通常の形容詞のように前に置いて使う。

　　a <u>running</u> dog　　（走っている犬）
　　a <u>broken</u> glass　　（割れたグラス）

2語以上なら後ろに置く。
そうすれば修飾部分がいくら長くなっても名詞のそばに分詞を置くことができる。

　　a dog <u>running on the street</u>　　（通りを走っている犬）
　　a glass <u>broken by Tom</u>　　（トムによって割られたグラス）

Q5　現在分詞と過去分詞の使い分けが難しい時は？

be動詞を入れれば確認できる。

　　a flying bird（← a bird is flying）飛んでいる鳥
　　a painted bench（← a bench is painted）塗られたベンチ

Q6　分詞の位置で注意するところは？

分詞が目的語を修飾している時は問題ないが、主語の直後に使われると、主語と動詞が分離されてしまうために読みづらい英文になる。

読みやすい位置に分詞が入った英文。
　　I know the man speaking English there.
　　S V　　（私はそこで英語を話しているその男性を知っている）

読みにくい位置に分詞が入った英文。
　　The man speaking English there is my boss.
　　S　　　　　　　　　　　　　V
　　　　　（そこで英語を話しているその男性は私の上司だ）

Q7　分詞を使う時によく犯す間違いは？

不用意にbe動詞を入れてしまうことである。

「私はマークによって買われたその車を見た」
（×）I saw the car was bought by Mark.

すでにsawという動詞があるのでwasは使えない。
正しくは、

　　I saw the car bought by Mark.

練習問題にチャレンジ

[1] (　)内の単語を加えて英文を完成しなさい。

(1) She held a baby. (crying)

_____

(2) Look at the door. (broken)

_____

(3) I found many people at the entrance. (waiting)

_____

(4) This is a toy in China. (made)

_____

(5) The man with Jim is my uncle. (talking)

_____

(6) The language in Australia is English. (spoken)

_____

[2] (　)内の語を適当な形に変えなさい。

(1) This is the plan (make) by John.　　　_____

(2) The girl (stand) by the window is Nancy.　　　_____

(3) I met a boy (call) Mike.　　　_____

(4) The woman (read) a magazine is Kim.　　　_____

Check Your Answers

[1]

(1) She held a <u>crying</u> baby.　　　　　　　　　　　Q4

彼女は泣いている赤ちゃんを抱いていた。（分詞1語は前から修飾）

(2) Look at the <u>broken</u> door.

あの壊されたドアを見なさい。（分詞1語は前から修飾）　Q4

(3) I found many people <u>waiting at the entrance</u>.　私は入り口で待つ多くの人に気づいた。（2語以上は後ろから）　Q4

(4) This is a toy <u>made in China</u>.

これは中国で作られたおもちゃだ。（2語以上は後ろから）　Q4

(5) The man <u>talking with Jim</u> is my uncle.

ジムと話しているその男性は私のおじだ。（主語を修飾）　Q6

(6) The language <u>spoken in Australia</u> is English.

オーストラリアで話されている言語は英語だ。（主語を修飾）　Q6

[2]

(1) made（〜された計画）

これはジョンによって作られたその計画だ。　　　Q4

(2) standing（〜している少女）

窓際に立っている少女はナンシーだ。　　　　　　Q6

(3) called（〜される少年）

私はマイクと呼ばれる少年に会った。　　　　　　Q4

(4) reading（〜している女性）

雑誌を読んでいるその女性はキムです。　　　　　Q6

練習問題にチャレンジ

[3] 次の英文を修正しなさい。

(1) これは10年前に建てられた家だ。

This is a house build ten years ago. _____ → _____

(2) 私はサッカーをしている少年達を見た。

I saw boys played soccer. _____ → _____

(3) これは彼女によって撮られたその写真ですか。

Is this the picture was taken by her?_____ → _____

(4) 韓国語を話しているその少年は誰ですか。

Who is the boy is speaking Korean?_____ → _____

[4] 指定された単語を利用して英文を作りなさい。

(1) 彼女はフランス製のスカーフを買った。(scarf / made)

_____

(2) 私はそこで働いているその外国人を知っている。

(foreigner / working)

_____

(3) 彼によって料理されたその夕食はおいしかった。(dinner / cooked)

_____

(4) ケンと呼ばれるその少年はとても背が高い。(boy / called)

_____

delicious おいしい

Check Your Answers

[3]

(1) build → built

（「建てられた」なので過去分詞built を使う） **Q4**

(2) played → playing

（「している」なので現在分詞playing を使う） **Q4**

(3) was taken → taken

（「撮られた」なので過去分詞taken を使うがbe動詞不要） **Q7**

(4) is speaking → speaking

（「話している」なので現在分詞speaking を使うがbe動詞不要）

Q7

[4]

(1) She bought a scarf made in France.

（目的語a scarf を made in France が修飾している） **Q4**

(2) I know the foreigner working there.

（目的語the foreigner を working there が修飾している） **Q4**

(3) The dinner cooked by him was delicious.

（主語the dinner を cooked by him が修飾している） **Q6**

(4) The boy called Ken is very tall.

（主語the boy を called Ken が修飾している） **Q6**

難易度B ☆☆

Q8　他に分詞で間違いやすいところは？

下のような単語を使うときだ。いずれも「〜させる」が原形だ。

tire（疲れさせる）　bore（退屈させる）　satisfy（満足させる）
confuse（混乱させる）　disappoint（失望させる）　surprise（驚かす）

物の性質を表す時は doing を使う。
　It was a disappointing result.
　（それは失望する結果だった ← 結果が人を失望させる）

人の感情を表す時は done を使う。
　I was disappointed.
　　　　　（私は失望した。← 人が失望させられる）

　　　＊このポイントは受動態のところでも触れている。

Q9　分詞と共によく用いられる動詞は？

次のような単語が分詞と共によく用いられている。

keep

　I kept him waiting.　（私は彼を待たせ続けた）
　I keep the car locked.（私は車の鍵をかけたままにしておく）
　　＊それぞれ元の形が次のようになっている。
　　　He is waiting.（wait は「待つ」という自動詞）
　　　The car is locked.

hear
I heard my name called.（私は自分の名前が呼ばれるのを聞いた）
　＊name と call が受動関係（my name is called）なので過去分詞

have
I had my car repaired.（私は車を修理してもらった）
　＊car と repair が受動関係（my car is repaired）なので過去分詞

I have difficulty learning something new.
　　（私は新しいことを学ぶのに苦労している）

make
I couldn't make myself understood in English.
　　　　　　　　　（私は英語で話が通じなかった）
　＊「自分自身を理解してもらう」という意味。

spend
I spent the weekend watching TV.
　　　　　　　　　（私は週末をテレビを見て過ごした）

第2章　動詞を追加する

難易度C ☆☆☆

Q10　分詞構文とは何か？

分詞〜, 主語・動詞 という形になるもの。
（この場合の"分詞〜"は文の途中や、文末でもよい）

Walking there, I saw a friend of mine.
（そこを歩いていて、私は友人の1人に会った）

Q11　分詞構文の応用は？

4つある。
受動、否定、過去、異なる主語だ。順に見ていこう。

受動（→ 過去分詞: 主語と分詞が受動 the book is written ）
　Written in easy English, the book is popular.
（簡単な英語で書かれてその本は人気がある）

否定（→ Not）
　Not knowing what to say, I remained silent.
（なんと言っていいかわからず私は静かにしていた）

過去（→ 完了形）
　Having met him before, I knew his name.
（以前会っていたので私は彼の名前を知っていた）

異なる主語（→ 主語を置く：元が It was sunny）
　It being sunny, we went out.
（晴れだったので私達は出かけた）

Q12　接続関係を明確にしたい時は？

接続詞を残す。

　　While walking there, 〜（そこを歩いている間に）

Q13　with を用いた付帯状況とは？

次のように同時に行われていることを追加する表現だ。

　　She was sitting with her legs crossed.
　　　　　　　　　（彼女は足を組んで座っていた）

　＊legs are crossed という受動関係。
また分詞以外の単語を使うこともある。

　　He was sleeping with the light on.
　　　　　　　　　（彼は明かりをつけたまま寝ていた）

Q14　独立型の慣用表現は？

7つ覚えたい。

Frankly speaking,	率直に言うと
Generally speaking,	一般的に言うと
Strictly speaking,	厳密に言うと
Judging from 〜,	〜から判断すると
Speaking（Talking）of 〜,	〜と言うと
Weather permitting,	天候が許せば
All things considered,	すべてを考慮すると

練習問題にチャレンジ

[5] (　)内の語を適当な形に変えなさい。

(1) We were (surprise) at his appearance. _____

(2) The movie was really (bore). _____

(3) His explanation is (confuse). _____

(4) It was (tire) work. _____

[6] 適当な順序に並び替えなさい。

(1) I usually (my, reading, spend, time, a) book.
_____

(2) Could (yourself, make, understood, in, you) English?
_____

(3) I (my, stolen, had, in, money) the station.
_____

(4) I'm sorry to (waiting, so, kept, you, have) long.
_____

(5) I (finding, difficulty, a, had) job.
_____

Check Your Answers

[5]

(1) surprised

　　私達は彼の姿に驚いた。(← 驚かされる：人の感情)　　Q8

(2) boring

　　その映画は本当に退屈だった。(← 退屈させる：物の性質)　Q8

(3) confusing

　　彼の説明は紛らわしい。(← 混乱させる：物の性質)　Q8

(4) tiring

　　それは疲れる仕事だった。(← 疲れさせる：物の性質)　Q8

[6]

(1) I usually spend my time reading a book.

　　私はたいてい本を読んで時間を過ごす。　　Q9

(2) Could you make yourself understood in English?

　　英語で話が通じましたか？　　Q9

(3) I had my money stolen in the station.

　　私は駅で金を盗まれた。　　Q9

(4) I'm sorry to have kept you waiting so long.

　　あなたを大変長く待たせてすみません。　　Q9

(5) I had difficulty finding a job.

　　私は仕事を見つけるのに苦労した。　　Q9

練習問題にチャレンジ

[7] 次の英文を分詞構文にしなさい。

(1) Because we had enough time, we relaxed.

　　_____, we relaxed.

(2) When it is seen from here, the castle looks like a toy.

　　_____, the castle looks like a toy.

(3) Because I didn't know the answer, I kept quiet.

　　_____, I kept quiet.

(4) Because it was rainy, we stayed home.

　　_____, we stayed home.

[8] （　）内に適当な語を入れなさい。

(1) 彼女を待っている間に、私はおじに会った。

　　(　　　)(　　　) for her, I met my uncle.

(2) 彼は目を閉じて考えていた。

　　He was thinking (　　　)(　　　) eyes (　　　)

(3) 率直に言って、それはあまりいい考えではない。

　　(　　　)(　　　), it's not a very good idea.

(4) ジムといえば、彼は今どこに住んでいるのですか。

　　(　　　)(　　　)(　　　), where is he living now?

(5) この報告から判断すると、彼らはその任務を達成した。

　　(　　　)(　　　)(　　　) report, they accomplished the task.

Check Your Answers

[7]

(1) Having enough time（現在分詞）

十分な時間があったので、私達はくつろいでいた。　**Q10**

(2) Seen from here,（過去分詞：the castle is seen という受動関係）

ここから見ると、その城はおもちゃのように見える。　**Q11**

(3) Not knowing the answer,（否定）

答えが分からなかったので、私は黙っていた。　**Q11**

(4) It being rainy,（異なる主語）

雨が降っていたので、私達は家にいた。　**Q11**

[8]

(1) While waiting

（接続詞＋分詞の形）　**Q12**

(2) with his (eyes) closed

（with 名詞 過去分詞：受動関係his eyes are closed）　**Q13**

(3) Frankly speaking

（率直に言うと：独立型の慣用表現）　**Q14**

(4) Speaking (Talking) of Jim

（〜と言えば：独立型の慣用表現）　**Q14**

(5) Judging from this

（〜から判断すると：独立型の慣用表現）　**Q14**

11 第2章のまとめ

難易度A ☆

[1] （　）内の語を適当な形に変えなさい。

(1) I wanted (be) a nurse.

(2) The girl (speak) English is Jane.

(3) Is this a car (make) in France?

(4) We enjoyed (watch) a soccer game together.

(5) I have nothing (do) today.

(6) How about (play) tennis today?

(7) I read the e-mail (send) by Lucy.

(8) I couldn't finish (read) the book.

(9) The language (speak) in Mexico is Spanish.

(10) He came to my room (borrow) a stapler.

[1]

(1) to be（want to do 〜したい）

　　私は看護師になりたかった。　　　　　　　　8-Q5

(2) speaking（話している〜）

　　英語を話している少女はジェインです。　　　10-Q6

(3) made（作られた〜）

　　これはフランス製の車ですか。　　　　　　　10-Q4

(4) watching（enjoy -ing）

　　私達は一緒にサッカーの試合を見て楽しんだ。　9-Q4

(5) to do（するための〜）

　　今日は何もすることがない。　　　　　　　　8-Q6

(6) playing（前置詞の後は -ing）

　　今日テニスをするのはどうですか。　　　　　9-Q2

(7) sent（送られた〜）

　　ルーシーによって送られたそのメールを読んだ。　10-Q4

(8) reading（finish -ing）

　　私はその本を読み終えることができなかった。　9-Q4

(9) spoken（話される〜）

　　メキシコで話される言葉はスペイン語だ。　　10-Q6

(10) to borrow（借りるために）

　　彼はホッチキスを借りるために私の部屋に来た。　8-Q6

練習問題にチャレンジ

[2] （ ）内の語を適当な場所に入れて英文を完成しなさい。

(1) I stopped golf before dark. (practicing)

_____

(2) He is the first person to the office. (to come)

_____

(3) This is a bridge one hundred years ago. (built)

_____

(4) I told him quiet. (to be)

_____

(5) I didn't start for the exam yet. (studying)

_____

(6) It's hard for John Chinese characters. (to read)

_____

(7) Look at the man over there. (dancing)

_____

(8) The picture by her is very beautiful. (taken)

_____

(9) I dream of my own company. (having)

_____

Chinese character 漢字

Check Your Answers

[2]

(1) I stopped <u>practicing</u> golf before dark.（stop -ing）
　　私は暗くなる前にゴルフの練習をやめた。　　　　9-Q4

(2) He is the first person <u>to come</u> to the office.（前の名詞を修飾）
　　彼は会社に来る最初の人です。　　　　　　　　　8-Q6

(3) This is a bridge <u>built</u> one hundred years ago.（前の名詞を修飾）
　　これは100年前に建設された橋です。　　　　　　10-Q4

(4) I told him <u>to be</u> quiet.（tell ～ to do）
　　私は彼に静かにするように言った。　　　　　　　8-Q7

(5) I didn't start <u>studying</u> for the exam yet.（start -ing）
　　まだ試験のための勉強は始めていない。　　　　　9-Q3

(6) It's hard for John <u>to read</u> Chinese characters.（It - for - to do）
　　ジョンにとって漢字を読むことは難しい。　　　　8-Q4

(7) Look at the man <u>dancing</u> over there.（前の名詞を修飾）
　　あの向こうで踊っている男性を見てごらん。　　　10-Q4

(8) The picture <u>taken</u> by her is very beautiful.（前の名詞を修飾）
　　彼女によって撮られたその写真はとても美しい。　10-Q6

(9) I dream of <u>having</u> my own company.（前置詞の後ろは -ing）
　　私は自分の会社を持つことを夢見ている。　　　　9-Q2

練習問題にチャレンジ

[3] 適当な語を選択しなさい。

(1) I saw a (　) insect.

　① to fly　　　　② flying　　　　③ flown

(2) We finished (　) for the meeting late at night.

　① preparing　　② to prepare　　③ prepared

(3) We ran toward the station (　) the last train.

　① caught　　　② catching　　　③ to catch

(4) (　) exercise is good for your health.

　① Doing　　　② To doing　　　③ Done

insect 昆虫　prepare 準備する　exercise 運動

[4] 日本文に合うように適当な語を入れなさい。

(1) 私は彼によい教師になってもらいたい。

　　I (　　) (　　) (　　) be a good teacher.

(2) 彼によって割られたその花瓶は高かった。

　　The vase (　　) (　　) (　　) was expensive.

(3) 私達はこの冬北海道でスキーを楽しんだ。

　　We (　　) (　　) in Hokkaido this winter.

(4) イタリア料理を食べるというのはどうですか。

　　How (　　) (　　) Italian food?

Check Your Answers

[3]

(1) ② (doing 〜している)

　　私は飛んでいる昆虫を見た。　　　　　　　10-Q4

(2) ① (finished -ing)

　　私達は夜遅く会議の準備を終えた。　　　　9-Q4

(3) ③ (to do 〜するために)

　　私達は終電に間にあうように駅へ走った。　8-Q6

(4) ① (Doing 〜すること)

　　運動をすることは健康によい。　　　　　　9-Q2

[4]

(1) want him to

　　(want 〜 to do 〜してもらいたい)　　　　8-Q7

(2) broken by him

　　(〜される　過去分詞)　　　　　　　　　　10-Q6

(3) enjoyed skiing

　　(enjoy -ing 〜を楽しむ)　　　　　　　　　9-Q4

(4) about eating

　　(how about 〜はどうですか)　　　　　　　9-Q2

練習問題にチャレンジ

[5] 並び替えて正しい英文を作りなさい。

(1) Who (the, by, standing, man, is) the window?

_____

(2) I (him, move, asked, his, to) car.

_____

(3) He (doctor, a , by, respected, is) everyone.

_____

(4) His (is, fault, late, being) so often.

_____

respect 尊敬する　　fault 欠点

[6] (　)内の語を利用して英文に直しなさい。

(1) 彼女によって見つけられたその犬は私達のものだった。(found)

_____

(2) バスケットボールをすることは面白い。(playing / fun)

_____

(3) 私にとって歴史を勉強することは興味深い。(It / interesting)

_____

(4) 彼女は一言も言わずに立ち去った。(without / word)

_____

walk away 立ち去る

Check Your Answers

[5]

(1) Who is the man standing by the window?
　　窓際に立っているその男性は誰ですか。　　10-Q4

(2) I asked him to move his car.
　　私は彼に車を移動するように頼んだ。　　8-Q7

(3) He is a doctor respected by everyone.
　　彼がみんなに尊敬されている医師だ。　　10-Q4

(4) His fault is being late so often.
　　彼の欠点は大変よく遅刻することだ。　　9-Q2

[6]

(1) The dog found by her was ours.
　　（the dog の直後に found を置く）　　10-Q6

(2) Playing basketball is fun.
　　（playing 〜すること）　　9-Q2

(3) It is interesting for me to study history.
　　（形式主語 It - for - to do）　　8-Q4

(4) She walked away without saying a word.
　　（前置詞の後は -ing）　　9-Q2

練習問題にチャレンジ

難易度B ☆☆

[7] 適当な語を選択しなさい。

(1) Didn't you tell him (　) smoke?

　① not to　　　　② no to　　　　③ none to

(2) I'm sure of (　) being sad now.

　① she　　　　② her　　　　③ hers

(3) I didn't have a pen (　) then.

　① to write　　　　② writing　　　　③ to write with

(4) Do you remember (　) her in the train last month?

　① to see　　　　② seeing　　　　③ seen

(5) The news was very (　).

　① to disappoint　　　　② disappointing　　　　③ disappointed

(6) He is thought (　) sick last week.

　① to be　　　　② was　　　　③ to have been

(7) He avoids (　) an airplane.

　① taking　　　　② to take　　　　③ taken

(8) I couldn't make him (　) his mind.

　① to change　　　　② changing　　　　③ change

(9) I want to have my car (　) by the weekend.

　① to repair　　　　② repaired　　　　③ repair

Check Your Answers

[7]

(1) ① （不定詞の否定は not to do）

あなたは彼にタバコを吸わないように言わなかったのか。　8-Q9

(2) ②　（動名詞の主語は所有格または目的格）

彼女はきっと悲しんでいると思う。　9-Q9

(3) ③　（前置詞が残るパターン：write with a pen が元の形）

私はその時書くためのペンを持っていなかった。　8-Q10

(4) ②（remember -ing 過去のことを覚えている）

先月列車で彼女に会ったことを覚えていますか。　9-Q7

(5) ②　（disappointing がっかりする：物事の性質）

その知らせは大変がっかりするものだった。　10-Q8

(6) ③　（過去の内容なので完了形の準動詞）

彼は先週病気だったと思われている。　8-Q9

(7) ①　（avoid -ing）

彼は飛行機に乗ることを避けている。　9-Q6

(8) ③　（使役動詞make → 原形）

私は彼の考えを変えさせることができなかった。　8-Q11

(9) ②　（my car と repair が受動関係なので過去分詞）

私は週末までに車を修理してもらいたい。　10-Q9

練習問題にチャレンジ

[8] 誤りを修正しなさい。

(1) Would you mind to pass the salt?

_____ → _____

(2) I had the tooth pull out yesterday.

_____ → _____

(3) I spend many hours listened to music.

_____ → _____

(4) It is kind for you to invite me.

_____ → _____

(5) We were surprising at his idea.

_____ → _____

(6) Don't forget paying the bill tomorrow.

_____ → _____

(7) We have difficulty get new members.

_____ → _____

(8) Have you ever seen her to speak English?

_____ → _____

(9) Please make me know your e-mail address.

_____ → _____

(10) My boyfriend always keeps me wait.

_____ → _____

📘 Check Your Answers

[8]

(1) (1) to pass → passing（mind -ing）
　　塩を渡してもらえますか。　　　　　　　　　　9-Q6

(2) pull → pulled（the tooth と pull out が受動関係）
　　私は昨日その歯を抜いてもらった。　　　　　　10-Q9

(3) listened → listening（spend 時間 -ing）
　　私は音楽を聞いて多くの時間を過ごしている。　10-Q9

(4) for → of（人の性質　It - of - to do）
　　私を招いてくれるとは優しいですね。　　　　　8-Q10

(5) surprising → surprised　（驚かされる）
　　私達は彼の考えに驚いた。　　　　　　　　　　10-Q8

(6) paying → to pay（これから行う内容は to do）
　　明日請求書の支払いをすることを忘れないように。9-Q7

(7) get → getting（have difficulty -ing 〜に苦労する）
　　私達は新メンバーを得るのに苦労している。　　10-Q9

(8) to speak → speak（speaking も可）（知覚動詞 → 原形）
　　彼女が英語を話すのを今までに見たことがありますか。8-Q11

(9) make → let（許可を求めているので let：make は強制）
　　どうかあなたのメールアドレスを教えてください。8-Q11

(10) wait → waiting（待たせ続ける　keep 〜waiting）
　　私のボーイフレンドはいつも私を待たせ続ける。10-Q9

練習問題にチャレンジ

[9] （ ）の語を適当な場所に入れ英文を完成しなさい。

(1) He used to do nothing but. (work)

(2) They put off an election till July. (holding)

(3) I had him the speech. (translate)

(4) Do you really intend her? (to marry)

(5) I saw a scene on my way here. (surprising)

(6) Didn't I tell you my PC? (not to use)

(7) We were very by his attitude. (disappointed)

(8) He always keeps the windows. (closed)

(9) I'm ashamed of a lie. (having told)

election 選挙　attitude 態度　ashamed 恥じている

Check Your Answers

[9]

(1) He used to do nothing but <u>work</u>. (do nothing but)
　　彼はかつて働いてばかりいた。　　　　　　　　　8-Q11

(2) They put off <u>holding</u> an election till July. (put off -ing)
　　彼らは選挙を行うことを7月まで延ばした。　　　　9-Q6

(3) I had him <u>translate</u> the speech. (使役動詞have)
　　私は彼にそのスピーチを訳してもらった。　　　　　8-Q11

(4) Do you really intend <u>to marry</u> her? (intend to do)
　　君は本当に彼女と結婚するつもりなのか。　　　　　9-Q6

(5) I saw a <u>surprising</u> scene on my way here. (物事の性質は -ing)
　　私はここに来る途中驚くべき場面に出会った。　　　10-Q8

(6) Didn't I tell you <u>not to use</u> my PC? (不定詞の否定)
　　私のパソコンを使わないようにあなたに言わなかった？　8-Q9

(7) We were very <u>disappointed</u> by his attitude. (失望させられる)
　　私達は彼の態度にとても失望した。　　　　　　　　10-Q8

(8) He always keeps the windows <u>closed</u>. (windowsと受動関係)
　　彼はいつも窓を閉じたままにしている。　　　　　　10-Q9

(9) I'm ashamed of <u>having told</u> a lie. (過去の内容の動名詞)
　　私はうそをついたことを恥じている。　　　　　　　9-Q9

練習問題にチャレンジ

[10] 指定された語を使って英文を作りなさい。

(1) 彼は教師になることをあきらめた。（gave up）

(2) 彼女は留学することに決めた。（decided）

(3) 彼女は女優だったと言われている。（to have been）

(4) 私は昨夜自転車を盗まれた。（stolen）

(5) 君は自分のメールアドレスを書くだけでいい。（write）

(6) ここは本当に退屈な町だ。（boring）

(7) 携帯電話を忘れるとは彼は不注意だ。（to forget）

(8) 私はその曲が演奏されるのを聞いた。（played）

(9) 私は彼らがその試合に勝ったことを誇りに思う。（having won）

study abroad 留学する　actress 女優　careless 不注意な

Check Your Answers

[10]

(1) He gave up becoming a teacher.

　　（give up -ing）　　　　　　　　　　　　　9-Q6

(2) She decided to study abroad.

　　（decide to do）　　　　　　　　　　　　　9-Q6

(3) She is said to have been an actress.

　　（過去の内容の不定詞は完了形）　　　　　　8-Q9

(4) I had my bike stolen last night.

　　（目的語と準動詞が受動関係：have 名詞 done の形）　10-Q9

(5) All you have to do is write your e-mail address.

　　（All you have to do is 原形　～しさえすればいい）　8-Q11

(6) This is really a boring town.

　　（退屈させる → boring：物事の性質）　　　　10-Q8

(7) It is careless of him to forget his cell phone.

　　（人の性質を表す It - of - to do の形）　　　　8-Q10

(8) I heard the song played.

　　（the song と play が受動関係）　　　　　　10-Q9

(9) I'm proud of their (them) having won the game.

　　（動名詞の主語は所有格または目的格）　　　　9-Q9

練習問題にチャレンジ

難易度C ☆☆☆

[11] 日本文に合うように適当な語を入れなさい。

(1) あなたにお会いできることを楽しみにしています。

　　　I'm (　　　) (　　　) (　　　) (　　　) you.

(2) 彼女はその人物を大変よく知っているようだ。

　　　She (　　　) (　　　) (　　　) the person very well.

(3) 国王は間もなくアメリカを訪れる予定だ。

　　　The king (　　　) (　　　) (　　　) America soon.

(4) その映画を見ていて、私はある考えが浮かんだ。

　　　(　　　) (　　　) (　　　), I got an idea.

(5) その本は何度も読む価値がある。

　　　The book (　　　) (　　　) (　　　) many times.

(6) 天候が許せば、私達はサイクリングに行く。

　　　(　　　) (　　　), we'll go cycling.

(7) これは彼自身が招いた問題だ。

　　　This is a problem of (　　　) (　　　) making.

(8) 一般的に言って、彼らは親しみやすい。

　　　(　　　) (　　　), they are friendly.

(9) 実を言うと、私は彼の答えを写しただけだ。

　　　(　　　) (　　　) (　　　) (　　　), I just copied his answer.

Check Your Answers

[11]

(1) looking forward to seeing

(look forward to -ing 〜を楽しみにする)   9-Q10

(2) seems to know

(seem to do 〜するようだ)   8-Q12

(3) is to visit

(be to do 予定する)   8-Q13

(4) Watching the movie

(分詞構文 〜していて)   10-Q10

(5) is worth reading

(be worth -ing 〜する価値がある)   9-Q10

(6) Weather permitting

(weather permitting 天候が許せば)   10-Q14

(7) his own

(of one's own -ing 自分で〜した)   9-Q10

(8) Generally speaking

(generally speaking 一般的に言って)   10-Q14

(9) To tell the truth

(to tell the truth 実を言うと)   8-Q12

練習問題にチャレンジ

[12] 指定された語を利用して英文を作りなさい。

(1) 今日は私は勉強する気にならない。(feel like -ing)

_____

(2) 私はその絵を買わされた。(was made to)

_____

(3) そこで働いている時に、私は病気になった。(When working)

_____

(4) 未来は予言できない。(There is no -ing)

_____

(5) どこで食べればよいか分からず、私は歩き回った。(not knowing)

_____

(6) 私はなんとか仕事を得ることができた。(manage to)

_____

(7) 私はそんな風に扱われることに慣れている。(be used to -ing)

_____

(8) 私はその仕事を辞めざるをえなかった。(couldn't help -ing)

_____

(9) 彼は腕を組んで立っていた。(with his arms)

get sick 病気になる　predict 予言する　the future 未来
walk around 歩き回る　treat 扱う　like that そんな風に
quit 辞める　fold 組む

Check Your Answers

[12]

(1) I don't feel like studying today.
（feel like -ing 〜したい） 9-Q10

(2) I was made to buy the picture.
（使役動詞が受動態になると to do が続く） 8-Q13

(3) When working there, I got sick.
（接続詞＋分詞の形） 10-Q12

(4) There is no predicting the future.
（There is no -ing 〜できない） 9-Q10

(5) Not knowing where to eat, I walked around.
（Not -ing 否定の分詞構文） 10-Q11

(6) I managed to get a job.
（manage to なんとか〜できる） 8-Q12

(7) I'm used to being treated like that.
（be used to -ing 〜に慣れている） 9-Q10

(8) I couldn't help quitting the job.
（can't help -ing 〜せざるをえない） 9-Q10

(9) He was standing with his arms folded.
（with を用いた付帯状況：「腕」と「組む」は受動関係） 10-Q13

── 英文法トライアングル　その2 ──

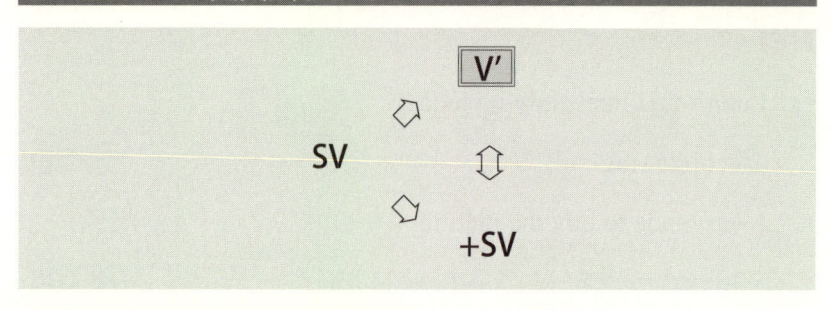

```
              V'
           ⇧
    SV     ⇕
           ⇩
          +SV
```

第2章は上の図で右上にある準動詞（V'）を扱った。
準動詞は3種類（to do / doing / done）あり、その使い分けがテーマだった。これら3つの性質の違いをeatでもう一度確認しておこう。

質問：以下の3つの中で自分が経験したことのないものはどれ？

to eat　eating　eaten

やはりeatenだろう。なぜなら「食べられる」という意味だからだ。これが文中に何度も出てきた「受動」という意味だ。残りの2つについては、「これから食べる」なら to eat、「食べている」なら eating という意味なので日常的に経験している。

最後に「～的用法」という分類で準動詞を整理しておこう。

	to do	doing	done
名詞的用法　：「～すること」	①	②	×
形容詞的用法：名詞を修飾	①	③	④
副詞的用法　：その他	①	③	④

①　不定詞　②　動名詞　③　現在分詞　④　過去分詞

第3章

主語・動詞を追加する

12 接続詞

難易度A ☆

Q1　接続詞とは何か？

主語・動詞をつなぐ＋の機能をもつ品詞だ。

まず基本の4つを覚えたい。

that	〜すること、〜という（同格）	＊that は省略できる
when	〜する時	
if	もし〜ならば・〜かどうか	
because	〜なので	

次に以下の5つだ。

though	〜だけれど
while	〜する間・〜の一方
so	それで〜
as	〜なので、〜するように、〜する時
as soon as	〜するとすぐに

また前置詞としても使われているものもある。
before / after / till（until）〜まで / since 〜以来
　　＊since は接続詞として「〜なので」という意味もある。

Q2　これらの使い方は？

いたって単純で、次のように使う。

　When I got there, she was waiting for me.
　She was waiting for me when I got there.
　　＊基本的に文頭に接続詞を置くときはコンマをつける。

Q3 他のタイプの接続詞は？

and、or、but だ。
(Q1の従属接続詞に対してこれらは等位接続詞と呼ばれる)
これらは、主語・動詞という単位に限らず、何でも並列に置く。

　　dogs <u>and</u> cats　　　　in Japan <u>or</u> in America
　　It was raining, <u>but</u> we played baseball.

Q4 このレベルで定型的なものは？

まず that を使って
　　so ～ that …　　　とても～なので…（so hot that …）
　　such ～ that …　　とても～なので…（such a hot day that …）
　　　　＊such の場合～の中に名詞が入る。

またこのレベルでは and / or / but を使ったものが多い。

and
　　both A and B　　　　　　A と B の両方

or / nor
　　either A or B　　　　　　A または B のどちらか
　　neither A nor B　　　　　A でも B でもない

but
　　not A but B　　　　　　　A でなく B
　　not only A but also B　　 A だけでなく B も

また and や or を使った次のようなものがある。
　　　命令文, and ～　（…しなさい、そうすれば～）
　　　命令文, or ～　　（…しなさい、さもなければ～）

練習問題にチャレンジ

[1] (　)の接続詞を適当な場所に入れ英文を完成しなさい。
また必要に応じてコンマを加えなさい。

(1) I didn't know he was sick. (that)

(2) I was late I got up late. (because)

(3) Call me you are ready. (when)

(4) She was tired she helped me. (though)

(5) She read the letter she started crying. (as soon as)

(6) Everyone knows the fact there is no solution. (that)

(7) I was in Singapore I met her twice. (while)

(8) You're hungry you can eat this apple. (if)

(9) She has been busy she started working. (since)

fact 事実　solution 解決

Check Your Answers

[1]

(1) I didn't know that he was sick.（〜であること）
    私は彼が病気だとは知らなかった。　　　　　　　　　Q1

(2) I was late because I got up late. （〜なので）
    私は遅く起きたので遅刻した。　　　　　　　　　　　Q1

(3) Call me when you are ready. （〜する時に）
    準備ができたら電話してください。　　　　　　　　　Q1

(4) Though she was tired, she helped me. （〜だけれど）
    彼女は疲れていたけれど私を手伝ってくれた。　　　　Q1

(5) As soon as she read the letter, she started crying.（すぐに）
    彼女はその手紙を読んですぐに泣き出した。　　　　　Q1

(6) Everyone knows the fact that there is no solution. （〜という）
    解決策がないという事実はみんなわかっている。　　　Q1

(7) While I was in Singapore, I met her twice. （〜する間に）
    私はシンガポールにいる間に彼女に2度会った。　　　Q1

(8) If you're hungry, you can eat this apple.（〜ならば）
    あなたは空腹ならこのリンゴを食べてもいい。　　　　Q1

(9) She has been busy since she started working. （〜以来）
    彼女は働き始めてからずっと忙しい。　　　　　　　　Q1

練習問題にチャレンジ

[2] （　）内に and、or、but、nor のいずれかを入れなさい。

(1) Tom (　　　　) I are good friends.

(2) You can take either this one (　　　　) that one.

(3) Hurry up, (　　　　) you will miss the train.

(4) It started raining, (　　　　) we didn't stop walking.

(5) That person is not his father, (　　　　) his uncle.

(6) I saw neither Mike (　　　　) Bob.

[3] 日本文に合う英文を２つ作りなさい。

(1) 彼女はとても熱心に働いたので成功した。

　　She succeeded (　　　　) she worked very hard.

　　She worked (　　　　) hard (　　　　) she succeeded.

(2) 辞書を使えばその意味がわかる。

　　(　　　　) you use a dictionary, you will find the meaning.

　　Use a dictionary, (　　　　) you will find the meaning.

(3) 彼は英語だけでなく中国語も話すことができる。

　　He can speak (　　　　) English (　　　　) Chinese.

　　He can speak (　　　　) (　　　　) English, (　　　　) (　　　　) Chinese.

📘 Check Your Answers

[2]

(1) and（そして）

トムと私は親友だ。　　　　　　　　　　　　　Q3

(2) or（either - or - ）

これかあれのどちらか一方をとってもいい。　　Q4

(3) or（命令文，or ）

急ぎなさい、さもなければ列車に乗り遅れますよ。　Q4

(4) but（しかし）

雨が降り始めたが、私達は歩くのをやめなかった。　Q3

(5) but（ not - but - ）

あの人は私の父ではなく、叔父です。　　　　　Q4

(6) nor（neither - nor -）

私はマイクもボブも見なかった。　　　　　　　Q4

[3]

(1) because（〜なので）

so 〜 that（とても〜なので…）　　　　　　　Q1/Q4

(2) If（〜ならば）

and（〜しなさい、そうすれば）　　　　　　　Q1/Q4

(3) both - and -　（両方）

not only - but also -（〜だけでなく…）　　　Q4/Q4

練習問題にチャレンジ

[4] 並び替えて正しい英文を作りなさい。

(1) You (out, if, shouldn't, go) you have a fever.

(2) He is (from, from, but, America, not) Canada.

(3) She is (person, that, a, friendly, such) she is popular.

(4) Neither Kate (be, Jane, here, will, nor) today.

　　　fever 熱　friendly 親しみやすい

[5] (　)内の語を利用して英文に直しなさい。

(1) 私は彼が喜ぶことを確信している。(that)

(2) 彼は若かったれど、彼は部長になった。(though)

(3) テストを受けている間は話してはいけません。(while)

(4) 彼女は医師というだけでなく詩人でもある。(not only - but also)

　　　be sure 確信する　manager 部長　take a test テストを受ける
　　　poet 詩人

Check Your Answers

[4]

(1) You shouldn't go out if you have a fever.

君はもし熱があるのなら外出すべきではない。 Q1

(2) He is not from America but from Canada.

彼はアメリカ出身ではなくカナダ出身だ。 Q4

(3) She is such a friendly person that she is popular.

彼女は大変親しみやすい人なので人気がある。 Q4

(4) Neither Kate nor Jane will be here today.

ケイトもジェインも今日はここに来ない。 Q4

[5]

(1) I'm sure that he will be happy.

（that 〜であること） Q1

(2) Though he was young, he became a manager.

（though 〜だけれど） Q1

(3) Don't talk while you're taking a test.

（while 〜する間） Q1

(4) She is not only a doctor, but also a poet.

（not only A but also B　A だけでなく B） Q4

難易度B ☆☆

Q5 応用的な内容とは？

接続詞の使い方に変化はないので、どのような接続詞があるかを知るだけでよい。語数で整理していこう。

まず1語から

unless	〜しない限り
once	いったん〜すると
whether	〜かどうか（or not が伴うことが多い）
for	というのも〜

次に2語。

every time	〜するたびに
now that	今や〜なので
in case	〜する場合
so that	〜するように
the moment	〜するとすぐに

そして3語。

by the time	〜する時までに
as long as	〜する限り（条件）→ if の置き換え可。
as far as	〜する限り（範囲）

Q6 時・条件の副詞節とは？

when（〜する時）if（もし〜）before（〜の前）などで追加した修飾部となる節*のこと。この場合、未来の内容が現在形になる点が重要だ。

If it is（×will be）sunny tomorrow, we will play tennis.

（明日晴れなら私達はテニスをする）

ただしwhenやifの節が目的語として使われる場合(=名詞節)があり、その場合は未来形のままなので注意が必要だ。

I don't know if she will come tomorrow.
　　　　　　　　　　　(私は彼女が明日来るかどうか知らない)
　　＊名詞節の時の意味は　if（〜かどうか）　when（いつ〜）。

＊節とは主語・動詞の単位のことで、主たる節を主節、接続詞のついた方を従属節と呼ぶ。

難易度C ☆☆☆

Q7　特殊な形としては？
倒置タイプだ。

(1) as が though の意味を持つ。
　　Young as he is, he knows everything.
　　　　　　　　　(彼は若いけれどなんでも知っている)
　　　　　　　　　＊though をこの位置で使うこともある。

(2)「〜するとすぐに」
　　No sooner had I left than it started raining.
　　Hardly had I left when it started raining.
　　　　　　　　　　　(出るとすぐに雨が降り始めた)

(3) Q4で出た so - that も中に名詞を入れようとすると倒置になる。
　　He is so kind a person that everyone likes him.
　　　　　　　　(彼は親切な人なのでみんな彼のことが好きだ)
倒置にせず、
He is such a kind person that …と言うこともできる。

145

練習問題にチャレンジ

[6] 日本文に合うように（　）に適切な語を入れなさい。

(1) 雨が降る場合に備えて、傘を持っていきなさい。

　　（　　　）（　　　　）it rains, take your umbrella with you.

(2) いったん何かを始めたら、それを終えなければならない。

　　（　　　　）you start something, you must finish it.

(3) 私の知る限りでは、彼がベストです。

　　（　　　）（　　　　）（　　　　）I know, he is the best.

(4) 私が間違いを犯すたびに、彼がそれを修正する。

　　（　　　）（　　　　）I make a mistake, he corrects it.

(5) みんなが喜ぶように彼は利益を分けた。

　　He divided the profit（　　　）（　　　）everyone would be happy.

[7] 誤りを修正しなさい。

(1) If it will snow tonight, I won't go out.

　　　　　　　　　　　　　　　＿＿＿＿＿ → ＿＿＿＿＿

(2) Unless you aren't honest, nobody trusts you.

　　　　　　　　　　　　　　　＿＿＿＿＿ → ＿＿＿＿＿

(3) Do you know if he is back soon? ＿＿＿＿＿ → ＿＿＿＿＿

(4) I want to see her by she leaves Japan.

　　　　　　　　　　　　　　　＿＿＿＿＿ → ＿＿＿＿＿

(5) As far as you're with me, you are safe.

　　　　　　　　　　　　　　　＿＿＿＿＿ → ＿＿＿＿＿

Check Your Answers

[6]

(1) In case (〜の場合)   Q5

(2) Once (いったん〜すると)   Q5

(3) As far as (〜する範囲では)   Q5

(4) Every time (〜するたびに)   Q5

(5) so that (〜するように)   Q5

[7]

(1) will snow → snows　（時・条件の副詞節: 未来の内容を現在形で）

今夜雪が降ったら出かけない。   Q6

(2) aren't → are

（unless（〜しない限り）に否定の意味があるので not不要）

あなたが正直でないのなら、誰もあなたを信頼しない   Q5

(3) is → will be　（if 〜（かどうか）は名詞節なので未来形のまま）

すぐに彼が戻ってくるかどうか知ってますか。   Q6

(4) by → by the time　（主語・動詞をつなぐ時は by the time）

彼女が日本を離れるまでに彼女に会いたい。   Q5

(5) far → long

（if で置き換えられる（=条件）ので as long as を使う）

私と一緒にいる限りは、あなたは安全だ。   Q5

練習問題にチャレンジ

[8] 適当な語を選択しなさい。

(1) (　　) she's arrived, we can start the meeting.

　① That　　　② Every time　　　③ Now that

(2) I don't know (　　) he knows our secret or not.

　① whether　　② for　　　　　　③ so that

(3) I was worried, (　　) she looked very sad.

　① in case　　② for　　　　　　③ unless

(4) It was (　　) nice a game (　　) everyone got excited.

　① such / as　② such / that　　　③ so / that

(5) Old (　　) he is, he is very healthy.

　① so　　　　② as　　　　　　　③ because

[9] 次の日本文を３通りの英文で表現しなさい。

「その容疑者は警察官を見るなり、走り去った」

(1) As soon as

_____

(2) The moment

_____

(3) No sooner

_____

　　suspect 容疑者　　policeman 警察官　　run away 走り去る

Check Your Answers

[8]

(1) ③（今や～なので）

彼女が到着したので、私達は会議を始めることができる。 Q5

(2) ①（～かどうか）

彼がその秘密を知っているかどうか知らない。 Q5

(3) ②（というのも）

私は心配だった、というのも彼女がとても悲しそうだったので。

Q5

(4) ③（so 形容詞 a 名詞）

それは大変素晴らしい試合だったので、みんな興奮した。 Q7

(5) ②（倒置の as：～だけれど）

彼は歳をとっているが大変健康だ。 Q7

[9]

(1) As soon as the suspect saw a policeman, he ran away. Q1

(2) The moment the suspect saw a policeman, he ran away. Q5

(3) No sooner had the suspect seen a policeman than he ran away.

Q7

13 仮定法

難易度B ☆☆

Q1　If を使えばすべて仮定法か？

そうではない。
あくまでも「事実に反する内容」を想定した時だけ仮定法になる。

Q2　どのような形にすればよいのか？

時制をひとつ戻して話す。
仮定法では「時制をずらすこと」が一番のポイントだ。

Q3　具体的な作りかたは？

「事実」は現在と過去にあるが、それを以下のようにスライドさせる。

(a) 現在の事実　→　過去形　　（仮定法過去）

　　If I were free now, I could help you.　（今暇なら手伝えるのだが）

　　＊仮定法では be 動詞は were が基本だが was も可。

(b) 過去の事実　→　過去完了形　（仮定法過去完了）

　　If I had been free then, I could have helped you.
　　　　　　　　　　　　（その時暇だったら手伝えたのだが）

Q4　未来については？

「万一〜」という意味の表現はあるが、時制をずらしたりはしない。
その代わりに should あるいは were to を付け加える。
主節は will、would などが使える。

(c) If she should (were to) come here, I would let you know.
　　　（万一彼女がここに来たら、あなたに教えます）

難易度C ☆☆

Q5 仮定法を用いる慣用表現としては？

まずこの2つ。

　　I wish 望む　　　　　　　as if (as though) まるで

次にこの3つ。

　　It is time 〜すべき時　　as it were いわば
　　If only 〜でありさえすればいいのに

そして「もし〜がなければ」を2通り覚えよう。

　　Without 〜 ，
　　If it were not for 〜 ，
　　＊仮定法過去完了では If it had not been for になる。

Q6 変則的な仮定法は？

2つある。
ひとつは If の省略だ。 Q3／Q4の文型が下のような倒置になる。

　　(a) Were I there, 〜　　　　　（もし私がそこにいるなら）
　　(b) Had I known that, 〜　　　（もし私がそれを知っていたなら）
　　(c) Should he be here, 〜　　（万一彼がそこにいれば）

もうひとつは、時制が過去と現在の2つにまたがるパターンだ。
Q3で述べた(a)と(b)の組み合わせになる。

　If you had followed my advice then, you would be happy now.
　（君が<u>その時私の助言に従っていたら</u>、<u>今幸せなのに</u>）
　　　　　　　(b)　　　　　　　　　　　　　　(a)

第3章　主語・動詞を追加する

練習問題にチャレンジ

[1] (　)内の語を適当な形にしなさい。

(1) If I had known that fact, I (won't agree) with them.
_____

(2) If it (be) to rain tomorrow, I would use the subway.
_____

(3) If you (be) more careful, you wouldn't make such a mistake.
_____

(4) If you (go) to the party, you could have met her. _____

(5) If I (be) twenty, I could drink alcohol.
_____

[2] 例にならって、仮定法の文を作りなさい。

例： I don't have time now, so I can't help you.
　　→ If I had time now, I could help you.

(1) I didn't prepare for the test, so I couldn't solve the problem.
_____

(2) I have a cold, so I can't go to work today.
_____

(3) I don't have a credit card with me, so I can't buy this coat.
_____

(4) I was nervous, so I couldn't do my best.
_____

prepare 準備する　solve 解く　nervous 緊張して

Check Your Answers

[1]

(1) wouldn't have agreed（仮定法過去完了）
その事実を知っていたら、彼らに賛成しなかっただろう。　Q3

(2) were（If - were to）
万一明日雨が降ったら、私は地下鉄を使うつもりだ。　Q4

(3) were（仮定法過去）
君がもっと注意深ければ、そんな間違いはしないだろう。

　Q3

(4) had gone（仮定法過去完了）
もし君がそのパーティーに行っていたら、彼女に会えたのだが。

　Q3

(5) were または was（仮定法過去）
私が20歳だったら、アルコールを飲めるのだが。　Q3

[2]

(1) If I had prepared for the test, I could have solved the problem.
もし私が試験の準備をしていたら、その問題は解けたのだが。

　Q3

(2) If I didn't have a cold, I could go to work today.
もし風邪をひいていなかったら、今日仕事に行けるのだが。

　Q3

(3) If I had a credit card with me, I could buy this coat.
今クレジットカードを持っていたら、このコートを買えるのだが。

　Q3

(4) If I hadn't been nervous, I could have done my best.
もし緊張していなかったら、ベストを尽くせていたのだが。

　Q3

練習問題にチャレンジ

[3] 日本文に合うように適当な語を（　）に入れなさい。

(1) もっとうまく歌えることができたらいいのに。

　　I (　　　) I (　　　　) sing better.

(2) 昨夜その番組を見ればよかった。

　　I (　　　) I (　　　) (　　　) the program last night.

(3) 彼女はまるでアメリカ人のように英語を話す。

　　She speaks English (　　　) (　　　) she (　　　) an American.

(4) 彼が今ここにいさえすればいいのに。

　　(　　　) (　　　) he (　　　) here now !

(5) メアリー、もう寝る時間よ。

　　Mary, it is (　　　) you (　　　) to bed.

[4] 同様の意味になるように適当な語を（　）に入れなさい。

(1) Without your support, we couldn't even start it.

　　If (　　) (　　) (　　) (　　) your support, we couldn't even start it.

(2) If she should notice this, she would be angry.

　　(　　　) (　　　) notice this, she would be angry.

(3) If she had made effort, she might have succeeded.

　　(　　　) (　　　) (　　　) effort, she might have succeeded.

notice 気づく　effort 努力　succeed 成功する

Check Your Answers

[3]

(1) wish / could（I wish 仮定法過去）

現在の内容なので過去形を使う。　　　　　　　　Q5

(2) wish / had watched（I wish 仮定法過去完了）

今の願望なので wish は現在形、内容は過去なので仮定法過去完了を使う。　　　　　　　　Q5

(3) as if（あるいは though）/ were（あるいは was）

「まるで」は as if（as though）。現在の内容は過去形で。　Q5

(4) If only / were　（あるいは was）

「〜でありさえすれば」は If only 仮定法。　　Q5

(5) time / went

「〜すべき時」は It is time 仮定法。　　　　　Q5

[4]

(1) it were not for（if it were not for もし〜がなければ）

あなたの支援がなければ、私達はスタートさえできないだろう。

　　　　　　　　　　　　　　　　　　　　　Q5

(2) Should she（If 省略による倒置）

万一彼女がこれに気づけば、彼女は怒るだろう。　Q6

(3) Had she made（If 省略による倒置）

彼女は努力していたら成功していたかもしれない。　Q6

練習問題にチャレンジ

[5] 並び替えて正しい英文を作りなさい。

(1) She (if, behaves, were, she, as) a queen.

_____

(2) It's (bought, new, time, you, a , cell phone) .

_____

(3) My wife is, (were, it, as) , a bookworm.

_____

(4) I (followed, your, wish, had, he) advice.

_____

behave ふるまう　bookworm 本の虫　follow 従う

[6] (　　)内の語を利用して英文に直しなさい。

(1) 彼がそれほど怠惰でなければ、今仕事に就いているだろう。

If he _____

(2) もし彼の電話番号を知っていたら、彼に電話したのだが。

If I _____

(3) 私があなたでも、同じことをするでしょう。

Were I _____

(4) もし私があの列車に乗っていたら、今ごろは家にいる。

If I _____

lazy 怠惰な　the same 同じ　take 乗る

Check Your Answers

[5]

(1) She behaves as if she were a queen.（as if まるで）

彼女はまるで女王のように振舞う。　　　　　　　　Q5

(2) It's time you bought a new cell phone. （it is time ～すべき時）

君は新しい携帯電話を買ってもいいころだ。　　　　Q5

(3) as it were（いわば）

私の妻はいわば本の虫だ。　　　　　　　　　　　　Q5

(4) I wish he had followed your advice（wish 願う）

彼が君の助言に従っていればよかったのに。　　　　Q5

[6]

(1) If he wasn't so lazy, he would have a job now.

現在の内容について述べる仮定法過去。　　　　　　Q3

(2) If I had known his phone number, I would have called him.

過去の内容について述べる仮定法過去完了。　　　　Q3

(3) Were I you, I would do the same thing.

If を省略した仮定法過去。　　　　　　　　　　　　Q6

(4) If I had taken that train, I would be home now.

前半は過去の内容なので仮定法過去完了、後半は現在の内容なので仮定法過去を使う。　　　　　　　　　　　　　　　Q6

14 関係詞

難易度A ☆

Q1　接続詞と関係詞はどこが違うのか？

接続詞は＋SVという形で主語・動詞をつなぐものだった。
関係詞は＋に加えて代名詞などの機能も併せ持つ。

Q2　関係詞で一番重要なことは？

SVをつなぐために＋の機能を持った「関係詞」を作るという発想だ。
「彼が」→「誰が」／「それが」→「どれが」という疑問詞変換を行う。
この変換をすることでSVを追加する準備ができる。

Q3　具体的に関係詞にはどのようなものがあるのか。

このレベルでは代名詞（第18課）の変換を考えるだけでよい。

人について：　代名詞　　he（彼が）　　his（彼の）　　him（彼を）
　　　　　　　関係詞　　who　　　　　whose　　　　（whom）

物について：　代名詞　　it（それが）　its（それの）　it（それを）
　　　　　　　関係詞　　which　　　　whose　　　　（which）
　　　　　　　　　＊（whom）（which）はよく省略される。

Q4　具体的にはどのように英文を作るのか？

「私は男を見た」＋「彼は眼鏡をかけていた」
これを関係詞を使った英文にしてみよう。

前半は　　I saw a man
後半は　　he wore glasses
このままではつながらないので疑問詞変換を行う。

　　　疑問詞変換は he（彼が）　→　who（誰が）

できた英文は　I saw a man who wore glasses.
　　　　　　　S V　　　　+S V

Q5　分かりにくい関係詞の位置は？
分詞の時と同様、主語の後に関係詞が用いられたものである。

読みやすい英文
　I know the girl who is playing the piano
　　　　　　　（私はピアノを弾いているその女性を知っている）

読みにくい英文
　The woman who is playing the piano is my friend.
　　　　　　　（ピアノを弾いているその女性は私の友人だ）

Q6　関係詞の that とは？
Q3の表で whose 以外の関係詞の代わりができる便利なものだ。

　Is this the bike that（which）you bought this week?
　　　　　　　（これが今週君が買ったその自転車ですか）

Q7　関係詞の前にコンマをつける時は？
説明をあとから追加したい時だ。

　I have a son who lives in Hong Kong now.
　　　　　　　（私には今香港に住んでいる息子がいる）
　I have a son, who lives in Hong Kong now.
　　　　　　　（私には息子がいるが、彼は今香港に住んでいる）
　　　　　　　＊that はコンマの後に使えない。

＊この難易度Aで紹介した関係詞はいずれも代名詞の役割を持つ関係代名詞である。

練習問題にチャレンジ

[1] 文中のある単語を that以外の関係詞に変換しなさい。
また省略できる関係詞は(　　)で囲みなさい。

(1) I know the girl she is speaking English there.

　　　　　　　　　　　　＿＿＿＿＿＿＿ → ＿＿＿＿＿＿＿

(2) This is the picture it my husband painted.

　　　　　　　　　　　　＿＿＿＿＿＿＿ → ＿＿＿＿＿＿＿

(3) I have a friend his sister works in our office.

　　　　　　　　　　　　＿＿＿＿＿＿＿ → ＿＿＿＿＿＿＿

(4) This is a computer it was made in Taiwan.

　　　　　　　　　　　　＿＿＿＿＿＿＿ → ＿＿＿＿＿＿＿

(5) Can you see that house its roof is green?

　　　　　　　　　　　　＿＿＿＿＿＿＿ → ＿＿＿＿＿＿＿

(6) He is the baseball player him everyone knows.

　　　　　　　　　　　　＿＿＿＿＿＿＿ → ＿＿＿＿＿＿＿

[2] 正しい関係詞に修正しなさい。

(1) George is a man whom works even on Sunday.

　　　　　　　　　　　　＿＿＿＿＿＿＿ → ＿＿＿＿＿＿＿

(2) Ken is a boy that father is a doctor.

　　　　　　　　　　　　＿＿＿＿＿＿＿ → ＿＿＿＿＿＿＿

(3) She has a daughter, that lives in Hawaii.

　　　　　　　　　　　　＿＿＿＿＿＿＿ → ＿＿＿＿＿＿＿

◢ Check Your Answers

[1]

(1) she（～は）→ who

　　私はそこで英語を話しているその少女を知っている。　　Q3

(2) it（～を）→（which）

　　これは私の夫が描いたその絵です。　　Q3

(3) his（～の）→ whose

　　私には姉が私達の事務所で働いている友人がいる。　　Q3

(4) it（～は）→ which

　　これは台湾で作られたコンピューターだ。　　Q3

(5) its（～の）→ whose

　　緑色の屋根のあの家が見えますか。　　Q3

(6) him（～を）→（whom）

　　彼は誰もが知っているその野球選手だ。　　Q3

[2]

(1) whom → who（he works なので who）

　　ジョージは日曜日さえも働く男です。　　Q3

(2) that → whose

　　(his father なので whose: that は whose の代わりはできない)

　　ケンは父が医師をしている少年だ。　　Q6

(3) that → who（she lives なので who：コンマの後の that は×）

　　彼女には娘がいて、ハワイに住んでいる。　　Q7

練習問題にチャレンジ

[3] 右の文を左の文に関係詞を使ってつなぎなさい。(that以外)

(1) They have a dog. It barks a lot.

_____

(2) There is a park. Its cherry blossoms are very famous.

_____

(3) Kyoto is a city. Many people visit it from all over the world.

_____

(4) She is a clerk. She is very popular with the customers.

_____

bark ほえる　cherry blossoms 桜の花

[4] 右の文を左の文の主語の後に関係詞を使って付け加えなさい。
(that以外)

(1) The movie was very exciting. I saw it last night.

_____

(2) The man was Jim. His name was just called out.

_____

(3) The girl was from Russia. I met her yesterday.

_____

(4) Many people ask for our help. They can't get enough food.

_____

ask for 求める

Check Your Answers

[3]

(1) They have a dog which barks a lot.
    彼らはよくほえる犬を飼っている。　　　　　　　　　Q3

(2) There is a park whose cherry blossoms are very famous.
    その桜の花が大変有名な公園がある。　　　　　　　　Q3

(3) Kyoto is a city (which) many people visit from all over the world.
    京都は世界中から多くの人が訪れる都市だ。　　　　　Q3

(4) She is a clerk who is very popular with the customers.
    彼女は客にとても人気のある店員だ。　　　　　　　　Q3

[4]

(1) The movie (which) I saw last night was very exciting.
    私が昨夜見た映画はとても興奮した。　　　　　　　　Q5

(2) The man whose name was just called out was Jim.
    今大声で名前を呼ばれたその男はジムだった。　　　　Q5

(3) The girl (whom) I met yesterday was from Russia.
    私が昨日会ったその少女はロシアから来ていた。　　　Q5

(4) Many people who can't get enough food ask for our help.
    十分な食べ物を得られない多くの人が私達の助けを求めている。
    　　　　　　　　　　　　　　　　　　　　　　　　Q5

　＊[3][4] ( ) 付きは省略可能な関係詞。

練習問題にチャレンジ

[5] 次の語を並び替えて英文を作りなさい。

(1) I have (who, like, a, looks, cousin) you.

_____

(2) The (want, country, I, to, visit, which) is Brazil.

_____

(3) She lives in a (a, has, which , house) big garden.

_____

(4) He bought a (engine, whose, car, was, used) broken.

_____

　　　cousin いとこ　　look like 〜に似ている　　used car 中古車

[6] 指定された関係詞を使って英文を作りなさい。

(1) これがみんなが見ているその番組ですか。(which)

_____

(2) スミス氏は私にスキーの仕方を教えてくれたその人です。(who)

_____

(3) 私達は列車に乗ったが、それはとても混雑していた。(, which)

_____

(4) 彼女が使っているその机はとても古い。(that)

_____

　　　program 番組　　how to ski スキーの仕方　　take 乗る
　　　crowded 混雑した

Check Your Answers

[5]

(1) I have a cousin who looks like you.

　私にはあなたに似たいとこがいる。　　　　Q3

(2) The country which I want to visit is Brazil.

　私が訪れたい国はブラジルです。　　　　Q5

(3) She lives in a house which has a big garden.

　彼女は大きな庭のある家に住んでいる。　　Q3

(4) He bought a used car whose engine was broken.

　彼はエンジンの壊れていた中古車を買った。　Q3

[6]

(1) Is this the program which everyone watches?

　（the program → it → which）　　　　Q3

(2) Mr. Smith is the person who taught me how to ski.

　（the person → he → who）　　　　Q3

(3) We took a train, which was very crowded.

　（a train → it → which）　　　　Q7

(4) The desk that she's using is very old.

　（the desk → it → that）　　　　Q6

　＊それぞれ「名詞→代名詞→関係詞」を表している。

難易度B ☆☆

Q8 このレベルのポイントは？

3つの話題がある。
　① 前置詞＋関係代名詞　② What　③関係副詞

まずは前置詞＋関係代名詞から。ここでも英作文をしながら考えよう。
「これはその町だ」＋「その中に彼女が住んでいる」を英訳する。
　　This is the town.
次に in it (その中)であるが、疑問詞変換して in which とする。
あとはそのまま SV を続ける。(前置詞の後に that は使えない)

　　This is the town in which she lives.
　　＊This is the town which she lives in. も可。(より口語的になる)

Q9 関係詞What とは？

先行詞(関係詞の前の名詞)を含む関係代名詞である。
「もの」や「こと」と訳す。

　　It is not what I said.　　(それは私が言ったことではない)

Q10 関係副詞とは？

場所、時間、理由、方法という話題で使われる 4 つの単語だ。
それぞれ副詞(つまり動詞を修飾)の働きをしている。
　　　　　　　　where , when, why, how

　　This is the town where I was born.　(これは私が生まれた町だ)
　　　　(there　→　where と言う疑問詞変換が行われている)
　　＊This is the town which I like. と区別すること。
　　　　(ここでは it　→　which となっている)

他の関係副詞も同様に、
  the day when   〜   〜する日
  the reason why 〜   〜する理由
  (the way) how 〜   〜する方法
    ＊関係副詞では先行詞が省略されることも多い。
    ＊howの場合はthe wayかhowの一方のみが使われやすい。

難易度C　☆☆☆

Q11　関係詞直後の挿入とは？

I think などが入る。（believe や suppose なども用いられる）
  She is the player who I think is the best.
            （彼女は私が最高だと思うその選手だ）

Q12　複合関係詞とは？

ever をつけて無制限の意味を加えるもの。
  Whatever you say, I won't believe you.
            （君が何と言っても、君を信じない）
  *whoever、wherever、whenever、however などがある。
    上の文は no matter 〜 を使って次のようにも言える。
  No matter what you say, I won't believe you.

Q13　慣用表現は？

次の5つが重要。

what I am	現在の私
what I used to be	かつての私
what is more	さらに
what is called（what we call）	いわゆる
A is to B what C is to D	ABの関係はCDの関係に等しい

練習問題にチャレンジ

[7] 日本文に合うように空所に単語を入れなさい。

(1) これはその箱を開けることができる鍵だ。

This is the key (　　　) (　　　) you can open the box.

This is the key (　　　) you can open the box (　　　).

(2) これはあなたが滞在できる部屋だ。

This is the room (　　　) (　　　) you can stay.

This is the room which you can stay (　　　).

This is the room (　　　) you can stay.

(3) 彼女は私がたいてい一緒に練習する女性だ。

She is the woman (　　　) (　　　) I usually practice.

She is the woman I usually practice (　　　).

with the key その鍵で

[8] 適当な関係詞を入れなさい。

(1) (　　　) he said was true.

(2) Is this the house (　　　) he lives in?

(3) I was shocked by (　　　) happened then.

(4) That was the day (　　　) I graduated from high school.

(5) That's the shop (　　　) I met her for the first time.

📘 Check Your Answers

[7]

(1) with which（← with it からの変換）

which（that）/ with　　　　　　　　　　　　　　　Q8

(2) in which（← in it からの変換）

in　　　　　　　　　　　　　　　　　　　　　　　Q8

where（← there からの変換）　　　　　　　　　　 Q10

(3) with whom（← with her からの変換）

with（woman の後に whom が省略されている）　　Q8

[8]

(1) What（先行詞を含む関係詞：〜すること）

彼の言ったことは本当だった。　　　　　　　　　　Q9

(2) which（that）（← it からの変換：the house が先行詞）

これが彼が住んでいる家。　　　　　　　　　　　　Q8

(3) what（先行詞を含む関係詞：〜すること）

私はその時起こったことにショックを受けた。　　　Q9

(4) when（← then からの変換）

それは私が高校を卒業した日だった。　　　　　　　Q10

(5) where（← there からの変換）

それは私が初めて彼女に会った店だ。　　　　　　　Q10

練習問題にチャレンジ

[9] 適当な関係詞を入れなさい。

(1) Do you know the reason (　　　　　) he looks sad?

(2) She told me (　　　　　) she solved the puzzle.

(3) I will never forget the day (　　　　　) my son was born.

(4) London is the city (　　　　　) I lived as a student.

(5) London is the city (　　　　　) I love.

[10] 並び替えて英文を完成しなさい。

(1) That is the lady (think, I, will , our, be, who,) next boss.

_____

(2) That is (seeing, she, why, avoids) you.

_____

(3) (wants, us, join, to, whoever) will be welcome.

_____

(4) (matter, you, where, go, no), I will follow you.

_____

avoid 避ける　welcome 歓迎する　follow ついて行く

Check Your Answers

[9]

(1) why（the reason が先行詞）

あなたは彼が悲しそうにしている理由を知ってますか。 **Q10**

(2) how（the way省略）

彼女は私にそのパズルの解き方を教えてくれた。 **Q10**

(3) when（the day が先行詞）

私は息子が生まれたその日を決して忘れない。 **Q10**

(4) where（← there からの変換：I live there）

ロンドンは私が学生の時に住んでいたその都市だ。 **Q10**

(5) which（← it からの変換：I love it：where にしないこと）

ロンドンは私が大好きなその都市だ。 **Q3**

[10]

(1) That is the lady who I think will be our next boss.（I think の挿入）

あれが私達の次の上司になると私が思うその女性だ。 **Q11**

(2) That is why she avoids seeing you.（先行詞省略）

それが彼女が君に会うことを避ける理由だ。 **Q10**

(3) Whoever wants to join us will be welcome.

私達に加わりたい人は誰でも歓迎だ。 **Q12**

(4) No matter where you go, I will follow you.

あなたがどこに行こうと私はあなたについて行く。 **Q12**

練習問題にチャレンジ

[11] 日本文に合うように（ ）に適当な語を入れなさい。

(1) 彼女はかつての彼女ではない。

　　She is not （　　）（　　）（　　）（　　）（　　）.

(2) 彼はいわゆる天才だ。

　　He is （　　）（　　）（　　） a genius.

(3) 彼の父親が彼を今の彼にした。

　　His father made him （　　）（　　）（　　）.

(4) さらに、それは危険である。

　　（　　）（　　）, it's dangerous.

[12] 日本文に合うように英文を作りなさい。

(1) 今日はその戦争が終った日だ。(on which)

＿＿＿＿＿＿＿＿＿＿＿＿＿＿＿＿＿＿＿＿

(2) 私達が今必要なものは彼らの金銭的サポートだ。(what)

＿＿＿＿＿＿＿＿＿＿＿＿＿＿＿＿＿＿＿＿

(3) そうやって彼はみんなを説得した。(how)

＿＿＿＿＿＿＿＿＿＿＿＿＿＿＿＿＿＿＿＿

(4) 君は欲しいものは何をとってもいい。(whatever)

　　war 戦争　end 終る　financial 金銭的　persuade 説得する
　　take とる

Check Your Answers

[11]

(1) what she used to be

かつての彼女　　　　　　　　　　　　　　Q13

(2) what is called または what we call

いわゆる　　　　　　　　　　　　　　　　Q13

(3) what he is

現在の彼　　　　　　　　　　　　　　　　Q13

(4) What's more

さらに　　　　　　　　　　　　　　　　　Q13

[12]

(1) Today is the day on which the war ended.

（on which の代わりに when を使うこともできる）　Q8

(2) What we need now is their financial support.

（what は先行詞を含むので先頭で使える）　Q9

(3) That is how he persuaded everyone.

（how の代わりに the way を使うこともできる）　Q10

(4) You can take whatever you want.

（whatever 何でも）

＊目的語になる（=名詞節）時は no matter ～は使えない。

　　　　　　　　　　　　　　　　　　　　Q12

15 第3章のまとめ

難易度A ☆

[1] 以下の単語を空所の中に入れなさい。(いずれも1回のみ使用)

> if, when, because, though, since
> and, or, which, who, whose

(1) This is the girl (　　　) won the first prize.

(2) (　　　) you're free now, would you help me?

(3) She was absent yesterday (　　　) she had a headache.

(4) I met a boy (　　　) name was Bill.

(5) He was sitting on a bench (　　　) I went to the park.

(6) (　　　) she had a cold, she kept working.

(7) I have lived in Nagano (　　　) I came to Japan.

(8) I got up at four (　　　) left home at five.

(9) The pen (　　　) he had was made in Germany.

(10) Work hard, (　　　) you'll be fired.

[1]

(1) who（関係詞 ← she won ～）

　これが1位をとったその少女だ。　14-Q3

(2) if（接続詞 もし～ならば）

　もし今暇なら手伝ってもらえませんか。　12-Q1

(3) because（接続詞 ～なので）

　彼女は頭痛だったので昨日欠席した。　12-Q1

(4) whose（関係詞 ← his name ～）

　私はビルという名前の少年に会った。　14-Q3

(5) when（接続詞 ～する時）

　私がその公園に行った時、彼はベンチに座っていた。　12-Q1

(6) Though（接続詞 ～だけれど）

　彼女は風邪をひいていたけれど働き続けた。　12-Q1

(7) since（接続詞 ～して以来）

　私は日本に来て以来ずっと長野に住んでいる。　12-Q1

(8) and（接続詞 そして）

　私は4時に起きた、そして5時に家を出た。　12-Q3

(9) which（関係詞 ← it he had ～）

　彼が持っていたペンはドイツ製だった。　14-Q5

(10) or（接続詞 さもなければ）

　一生懸命働きなさい、さもなければ君はクビになる。　12-Q4

練習問題にチャレンジ

[2] (　) 内に適当な語を入れなさい。

(1) I was (　　　) sleepy that I went to bed at nine.

(2) (　　　) Tom or Mary will be your partner.

(3) This is the band (　　　) songs are known to everybody.

(4) I can speak neither French (　　　) German.

(5) As (　　　) as she received that e-mail, she called me.

(6) I'm very hungry now (　　　) I didn't have breakfast.

(7) The dictionary (　　　) my father gave me is very useful.

(8) The man (　　　) was chosen by her was George.

(9) That woman over there is not my mother, (　　　) my aunt.

(10) My grandmother died (　　　) I was a small child.

choose (>chosen) 選ぶ

Check Your Answers

[2]

(1) so (so 〜 that)

私はとても眠かったので9時に寝た。　12-Q4

(2) Either (either 〜 or)

トムかメアリーのどちらかが君のパートナーになる。　12-Q4

(3) whose (関係詞 ← its songs 〜)

これが曲がみんなに知られているそのバンドです。　14-Q3

(4) nor (neither 〜 nor)

私はフランス語とドイツ語のどちらも話せない。　12-Q4

(5) soon (As soon as)

彼女はそのメールを受け取るとすぐに私に電話した。　12-Q1

(6) because (接続詞 〜なので)

私は朝食を食べなかったので今とても空腹だ。　12-Q1

(7) which (that) (関係詞 ← it my father gave me)

父が私にくれた辞書はとても役立っている。　14-Q5

(8) who (that) (関係詞 ← he was chosen)

彼女に選ばれたその男性はジョージだった。　14-Q5

(9) but (not 〜 but)

あの向こうの女性は私の母ではなく叔母です。　12-Q4

(10) when (接続詞 〜する時)

私の祖母は私が幼い時に亡くなった。　12-Q1

練習問題にチャレンジ

[3] 次の英文の誤りを修正しなさい。

(1) I didn't know it you can speak Chinese.

　　　　　　　　　　＿＿＿＿＿＿＿ → ＿＿＿＿＿＿＿

(2) He is the college student which saved a child.

　　　　　　　　　　＿＿＿＿＿＿＿ → ＿＿＿＿＿＿＿

(3) He showed me his cell phone, that was very small.

　　　　　　　　　　＿＿＿＿＿＿＿ → ＿＿＿＿＿＿＿

(4) She is the artist who painting I want to buy.

　　　　　　　　　　＿＿＿＿＿＿＿ → ＿＿＿＿＿＿＿

(5) Leave at once, and you will be late.

　　　　　　　　　　＿＿＿＿＿＿＿ → ＿＿＿＿＿＿＿

(6) I like not only rock, and also jazz.

　　　　　　　　　　＿＿＿＿＿＿＿ → ＿＿＿＿＿＿＿

save 救う　at once すぐに

[4] 日本語に訳しなさい。

(1) Do as I told you.

(2) The sentences he wrote were full of mistakes.

　　full いっぱい

Check Your Answers

[3]

(1) it → that（接続詞that）

君が中国語を話せるとは知らなかった。　　12-Q1

(2) which → who（he saved → who saved）

彼が子供を救ったその大学生だ。　　14-Q3

(3) that → which（コンマのあとに that は使えない）

彼は彼の携帯電話を見せてくれたが、それはとても小さかった。

14-Q7

(4) who → whose（her painting → whose painting）

彼女は私がその絵を買いたいと思っているその芸術家だ。

14-Q3

(5) and → or（命令文, or）

すぐに出発しなさい、さもなければ遅れます。　　12-Q4

(6) and → but（not only ～ but also）

私はロックだけでなくジャズも好きだ。　　12-Q4

[4]

(1) 私が君に言ったようにしなさい。（接続詞as ～するように）

12-Q1

(2) 彼が書いた文は間違いだらけだった。

　　（which が省略されている）　　14-Q5

練習問題にチャレンジ

[5] (　)内の単語を並び替えて英文を完成しなさい。

(1) The report (she, that, is, wrote, too,) difficult for me.

_____

(2) She is such (smart, that, she, a, student) passed the exam.

_____

(3) I have a friend (husband, is, American, an, whose) .

_____

(4) The dog (OK, said, waited, until, I) .

_____

　　smart 頭がよい　　wait 待つ

[6] 指定された語を利用して英文を作りなさい。

(1) 私には娘がいるが、彼女は歯科医になった。(, who)

_____

(2) 彼に尋ねなさい、そうすればその理由が分かります。(, and)

_____

(3) 私が運転している間、私の友人達は寝ていた。(while)

_____

(4) 彼女が買ったその指輪はとても素敵だった。(that)

_____

　　dentist 歯科医　　reason 理由　　ring 指輪

Check Your Answers

[5]

(1) The report that she wrote is too difficult for me.
　　彼女が書いたそのレポートは私には難しすぎる。　　14-Q6

(2) She is such a smart student that she passed the exam.
　　彼女は大変頭のよい学生なのでその試験に合格した。　　12-Q4

(3) I have a friend whose husband is an American.
　　私には夫がアメリカ人の友人がいる。　　14-Q3

(4) The dog waited until I said OK.
　　その犬は私がいいと言うまで待った。　　12-Q1

[6]

(1) I have a daughter, who became a dentist.
　　（関係詞who ← she became ～）　　14-Q7

(2) Ask him, and you will know the reason.
　　（命令文, and ～しなさい、そうすれば）　　12-Q4

(3) While I was driving, my friends were sleeping.
　　（接続詞while ～する間）　　12-Q1

(4) The ring that she bought was very nice.
　　（関係詞 that ← it she bought ～）　　14-Q6

練習問題にチャレンジ

難易度B ☆☆

[7] 適当な語を選択しなさい。

(1) Write down the password (　) you forget it.

　① every time　　　② in case　　　③ as far as

(2) If I (　) you, I wouldn't say such a thing.

　① am　　　② will be　　　③ were

(3) (　) we saw was not a plane, but a bird.

　① What　　　② Which　　　③ That

(4) This is the apartment (　) I'm living.

　① which　　　② what　　　③ where

(5) If it (　) sunny tomorrow, I'll go fishing.

　① was　　　② will be　　　③ is

(6) I'm not sure if it (　) rainy tomorrow.

　① will be　　　② is　　　③ be

(7) If they (　) reject this proposal, what would you do?

　① should　　　② would　　　③ have

(8) I'll be back (　) you come home.

　① till　　　② by　　　③ by the time

reject 拒絶する　proposal 提案

Check Your Answers

[7]

(1) ②（in case ～する場合）

忘れる場合に備えてパスワードを書いておきなさい。　12-Q5

(2) ③（仮定法過去）

もし私があなたならそんなことは言わない。　13-Q3

(3) ①（what 関係詞～するもの）

私達が見たものは飛行機ではなく鳥だった。　14-Q9

(4) ③（where関係詞 ← there I'm living）

これが私が住んでいるアパートです。　14-Q10

(5) ③（時・条件の副詞節：未来の内容を現在形で）

明日晴れたら、魚釣りに行きます。　12-Q6

(6) ①（if 節が目的語（＝名詞節）なので未来形のまま）

明日雨が降るかどうかは定かではない。　12-Q6

(7) ①（if – should 万一～なら）

万一彼らがこの提案を拒絶したら、どうしますか。　13-Q4

(8) ③（by the time SV ～までに：till は「～まで」、by は前置詞）

あなたが帰宅するまでに私は戻ります。　12-Q5

練習問題にチャレンジ

[8] 同様の内容になるように（　）に適当な語を入れなさい。

(1) Yesterday was the day on which my father retired.

　　Yesterday was the day (　　　　) my father retired.

(2) If you are not sincere, you cannot make friends.

　　(　　　　) you are sincere, you cannot make friends.

(3) Because you are healthy, you can enjoy sports.

　　If you (　　　　) healthy, you couldn't enjoy sports.

(4) She showed me how I could make cookies.

　　She showed me the (　　　　) I could make cookies.

[9] 日本文に合うように（　）内に適当な語を入れなさい。

(1) 私の知っている限りでは、彼に何の問題もありません。

　　(　　)(　　)(　　) I know, nothing is wrong with him.

(2) もし私がその試験を受けていたら、私は落ちていただろう。

　　(　　)(　　)(　　) taken the test, I (　　)(　　) failed.

(3) たとえ太陽が西から昇っても、私があきらめることはない。

　　If the sun (　　)(　　) rise in the west, I wouldn't give up.

(4) だから彼らはその試合に負けたのです。

　　That is (　　) they lost the game.

(5) 好む好まぬに関わらず君はそれを受け入れなければならない。

　　(　　) you like it or not, you have to accept it.

accept 受け入れる

📘 Check Your Answers

[8]

(1) when（関係副詞）

　　昨日は父が定年を迎えた日だった。　　　　　14-Q10

(2) Unless（接続詞：〜しない限り）

　　君が誠実でない限り友達はできません。　　　12-Q5

(3) weren't（仮定法過去）

　　君は健康でなければスポーツを楽しめないだろう。　13-Q3

(4) way（the way か how のどちらか一方を使う）

　　彼女は私にクッキーの作り方を教えてくれた。　14-Q10

[9]

(1) As far as

　　（As far as は範囲を示す。ここでは知識の範囲のこと）　12-Q5

(2) If I had / would have（仮定法過去完了）　13-Q3

(3) were to（If - were to 万一〜であっても）　13-Q4

(4) why（関係副詞：先行詞the reason が省略されている）　14-Q10

(5) Whether（Whether - or not 〜であろうとなかろうと）　12-Q5

練習問題にチャレンジ

[10] 誤りを修正しなさい。

(1) We saved money such that we could buy a new car.

　　　　　　＿＿＿＿＿＿＿＿　→　＿＿＿＿＿＿＿＿

(2) If we had left earlier yesterday, we could catch the bus.

　　　　　　＿＿＿＿＿＿＿＿　→　＿＿＿＿＿＿＿＿

(3) This market is a place where is popular among tourists.

　　　　　　＿＿＿＿＿＿＿＿　→　＿＿＿＿＿＿＿＿

(4) In case as you lose your way, here is my phone number.

　　　　　　＿＿＿＿＿＿＿＿　→　＿＿＿＿＿＿＿＿

[11] 指定された語を利用して英文を作りなさい。

(1) こうやって彼女は私達を裏切った。(how)

　　＿＿＿＿＿＿＿＿＿＿＿＿＿＿＿＿＿＿＿＿＿＿＿＿＿＿

(2) もし何か問題があれば、彼は私の助けを求めただろう。(had been)

　　＿＿＿＿＿＿＿＿＿＿＿＿＿＿＿＿＿＿＿＿＿＿＿＿＿＿

(3) 彼は私が一緒に研究しているその科学者だ。(with whom)

　　＿＿＿＿＿＿＿＿＿＿＿＿＿＿＿＿＿＿＿＿＿＿＿＿＿＿

(4) 今や彼も仕事を得たので、私達は彼について悩む必要はない。

　　　　　　　　　　　　　　　　　　　　　　(Now that)

　　＿＿＿＿＿＿＿＿＿＿＿＿＿＿＿＿＿＿＿＿＿＿＿＿＿＿

betray 裏切る　problem 問題　ask for 求める
do research 研究する　worry about ～について悩む

Check Your Answers

[10]

(1) such → so（so that 〜するように）

私達は新車を買えるようにお金を貯めた。　12-Q5

(2) could catch → could have caught（仮定法過去完了）

昨日もっと早く出ていたら、そのバスに乗れただろう。　13-Q3

(3) where → which

（元の単語が it（it is popular）なので which になる）

この市場は旅行者の間で人気のある場所だ。　14-Q3

(4) In case as → In case

（1つの SV に接続詞を2つ使えない）

道に迷った場合、これが私の電話番号ですから。　12-Q5

[11]

(1) This is how she betrayed us.

（the way を省略した関係副詞 how）　14-Q10

(2) If there had been any problems, he would have asked for my help.（仮定法過去完了）　13-Q3

(3) He is the scientist with whom I'm doing research.

（(whom) I'm doing research with も可）　14-Q8

(4) Now that he has a job, we don't have to worry about him.

（Now that 今や〜なので）　12-Q5

練習問題にチャレンジ

難易度C ☆☆☆

[12] 日本文に合うように（　）内に適切な語を入れなさい。

(1) 私はインターネットがなければ、仕事ができない。

　　If it (　　) (　　) (　　) the Internet, I couldn't do my job.

(2) 彼女は頭はいいが、あまり助けにならない。

　　Smart (　　) she is, she isn't so helpful.

(3) 彼女はいわば生まれながらの女優だ。

　　She is (　　) (　　) called a born actress.

(4) 家に帰ってすぐに私は彼から電話があった。

　　(　　) (　　) I reached home when I got a call from him.

(5) 彼は昔の彼とはまったく違う。

　　He is completely different from (　　) he (　　) to be.

(6) 私がその株を買っていたら、今頃は金持ちなのに。

　　If we (　　) (　　) the stock, I (　　) be rich now.

(7) あの時教授に従っていればなあ。

　　I wish I (　　) (　　) the professor at that time.

(8) どんなに熱心に働いても、私は出世しなかった。

　　No (　　) (　　) hard I worked, I wasn't promoted.

....

completely まったく　obey 従う　professor 教授
promote 昇進させる

Check Your Answers

[12]

(1) were not for

(If it were not for 〜 もし〜がなければ)　　13-Q5

(2) as（または though）

(「〜だけれど」という意味になる as)　　12-Q7

(3) what is

(what is called いわゆる)　　14-Q13

(4) Hardly had

(Hardly - when：Hardly が先頭の時は倒置になる)　　12-Q7

(5) what / used

(what he used to be 昔の彼)　　14-Q13

(6) had bought / would

(前半：仮定法過去完了　後半：仮定法過去)　　13-Q6

(7) had obeyed

(過去の内容については過去完了形を使う)　　13-Q5

(8) matter how

(no matter how = however どんなに〜でも)　　14-Q12

練習問題にチャレンジ

[13] 誤りを修正しなさい

(1) It was so an old house that we didn't rent it.

　　　　　　_____ → _____

(2) Were I gone there, I could have met you.

　　　　　　_____ → _____

(3) Wherever I visit him, he is out.

　　　　　　_____ → _____

(4) If it were not for your advice then, we would have failed.

　　　　　　_____ → _____

[14] 指定された語を利用して英文を作りなさい。

(1) 彼女が注意深ければ、事故にあわなかっただろう　(Had she)

_____

(2) 読むことと心の関係は食べることと体の関係に等しい。(what)

_____

(3) 彼女はまるで私の母親のように私にいつも話しかける。(as if)

_____

(4) 彼女は若いけれど、とても賢い。(as)

_____

　　　mind 心　　wise 賢い

Check Your Answers

[13]

(1) an old → old a (so old a house の語順になる)

(such an old house も可)

それは大変古い家だったので私達は借りなかった。　12-Q7

(2) Were → Had (仮定法過去完了の if 省略タイプ)

もし私がそこに行っていたら、君に会えたのだが。　13-Q6

(3) Wherever → Whenever

(Whenever いつでも : Wherever では文意が通じない)

いつ彼を訪れても、彼は外出している。　14-Q12

(4) were not → had not been

(もし〜がなかったら If it had not been for : 過去の話題)

その時君の助言がなければ、私達は失敗していただろう。　13-Q5

[14]

(1) Had she been careful, she wouldn't have had an accident.

(仮定法過去完了の If 省略)　13-Q6

(2) Reading is to the mind what eating is to the body.

(A is to B what C is to D　AB と CD の関係は等しい)　14-Q13

(3) She always talks to me as if she were my mother.

(as if まるで〜のように)　13-Q5

(4) Young as she is, she is very wise.

(倒置の as)　12-Q7

―英文法トライアングル その3―

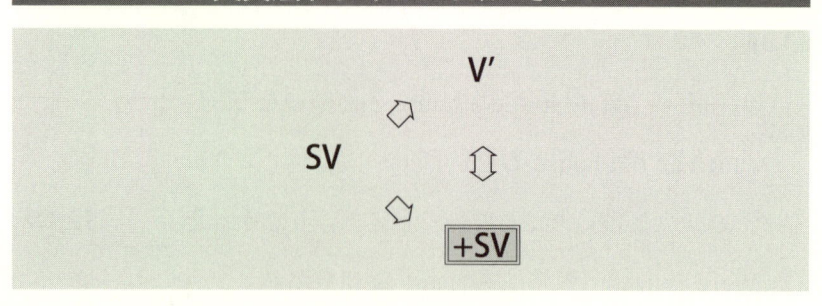

```
           V'
          ⇧
   SV    ⇕
          ⇩
         +SV
```

第3章では上図右下の +SV を扱った。
実はこの +SV という表示は重要な意味を含んでいる。
次の文を英文にしながらその意味を考えてみよう。

「私は彼が昨日買ったそのカメラを見た」

まず I saw the camera. そして He bought it yesterday.
これらを結びつけると it が前に出て次のようになる。

　　I saw the camera which (← it) he bought yesterday.
　　　　　　　　　　　　　　+　　　　　S　V

it が which に変換されるということは何度も繰り返したが、ここでは it の位置の移動に注目したい。

---
it が後半の節の先頭に移っている。その理由は？

それはまず + を作らないと SV を追加できないということである。このことは英文を作る時に特に大切である。自分が SV を追加しようとする時、+ の単語をまず適切に置かなければならないことを常に意識しておきたい。

第4章

その他の項目

16　5文型

難易度A ☆

Q1　5文型を学ぶ上で大事なことは？

英文がどれもS（主語）V（動詞）で始まっていることを確認する。
次に動詞の後ろにいくつ単語が並ぶかで区別する。
修飾語を無視すると0個、1個、2個になる。
この3種類にbe動詞を考え合わせると5つに分かれる。

Q2　具体的には？

次の3つが基本になる。

　　第1文型　I work.　　　　（SV）
　　第2文型　I am busy.　　　（SVC：Cは補語）
　　第3文型　I drink water.　（SVO：Oは目的語）

Q3　補語と目的語の違いは？

be動詞でつながっていれば補語（C）。
「〜を」「〜に」という意味になっていれば目的語（O）だ

Q4　第4、第5文型は？

次のように動詞の後ろに2つの要素が続く特殊な形である。

　　第4文型　I give him money.（SVOO）彼に金を与える
　　第5文型　I call him Tom.（SVOC：he is Tom）彼をトムと呼ぶ

難易度B ☆☆

Q5　第3文型を第1文型に間違える例とは？

「日本語の感覚」からすると前置詞をつけたくなるが、実際には前置詞が必要ではない動詞の話である。この4つの動詞には注意。

approach（×to）近づく　　resemble（×to）似る
discuss（×about）論じる　marry（×with）結婚する

Q6　第2文型の応用とは？

be動詞を使わない第2文型だ。

　It looks good.（それは良さそうに見える）
　＊この文は is と同じつながり（It is good）になっている。
　同様に、　sound 聞える　　　taste 味がする
　　　　　　smell におう　　　feel 感触がする
　　　　　　keep 保つ　　　　 remain 〜のままだ
　　　　　　seem 〜のようだ　 turn 〜に変わる

Q7　第4文型を第3文型に変える時に to / for となるのは？

物が相手に近づいていくような「移動」をイメージする時は to、
ただ「〜のため」という意味の時は for になる。

　I give him a book. → I give a book to him.
　　（私は彼に本を与える）send、show、teach、tell など
　I buy him a book. → I buy a book for him.
　　（私は彼に本を買う）make、choose など

Q8　第4文型と第5文型で間違いやすい例は？

これらの文型に関しては find / leave などでミスをしやすい。

　I found him a job.　（私は彼に仕事を見つけた SVOO）
　I found him interesting.　（私は彼を面白いと思った SVOC）

　She left me some money.　（彼女は私にお金を残した SVOO）
　She left me alone.　（彼女は私を一人にした SVOC）

練習問題にチャレンジ

[1] 並び替えて英文を完成しなさい。

(1) She (me, showed, map, a).

_____

(2) Would (the, open, you, window)?

_____

(3) My (sea, near, live, parents, the).

_____

(4) She (her, keeps, clean, always, room).

_____

(5) This (beautiful, is, very, flower).

_____

[2] 誤りを修正しなさい。

(1) I go school by bike.

_____ → _____

(2) I will make Sara happily.

_____ → _____

(3) My girlfriend teaches Japanese me.

_____ → _____

(4) We call she Lisa.

_____ → _____

Check Your Answers

[1]

(1) She showed me a map.（SVOO：〜に〜を）
彼女は私に地図を見せてくれた。　　　　　　　　　　Q4

(2) Would you open the window?（SVO：〜を）
窓を開けてくれますか。　　　　　　　　　　　　　　Q2

(3) My parents live near the sea.（SV：near the sea は修飾語）
私の両親は海の近くに住んでいる。　　　　　　　　　Q2

(4) She always keeps her room clean.（SVOC：her room is clean）
彼女はいつも自分の部屋をきれいにしている。　　　　Q4

(5) This flower is very beautiful.（SVC）
この花はとても美しい。　　　　　　　　　　　　　　Q2

[2]

(1) go → go to（SV）
私は自転車で学校に行く。　　　　　　　　　　　　　Q2

(2) happily → happy（SVOC：Sara is happy）
私はサラを幸せにするつもりだ。　　　　　　　　　　Q4

(3) Japanese me → me Japanese（SVOO 〜に〜を）
私のガールフレンドは私に日本語を教えてくれる。　　Q4

(4) she → her（SVOC：she は O なので her：詳しくは第18課）
私達は彼女をリサと呼ぶ。　　　　　　　　　　　　　Q4

練習問題にチャレンジ

[3] 日本文に合うように(　)に適当な単語を入れなさい。

(1) それはいいにおいがする。

　　It (　　　　) (　　　　).

(2) 葉が黄色く変わった。

　　The leaves (　　　　) (　　　　).

(3) 彼女は静かなままだ。

　　She (　　　　) (　　　　).

[4] 次の英文を第3文型にしなさい。

(1) I chose him a hat.

(2) He told us an interesting story.

[5] 指定された語を使って英文を作りなさい。

(1) 私達はその問題をとても真剣に議論した。(discussed)

_____

(2) このセーターは感触がいい。(feels)

_____

(3) 私はその本は読みやすいと感じた。(found / to read)

_____

(4) 彼は私達に多くの作品を残した。(left)

_____

　　seriously 真剣に　　sweater セーター　　work 作品

Check Your Answers

第4章 その他の項目

[3]

(1) smells good（SVC） Q6

(2) turned yellow（SVC） Q6

(3) remains quiet（SVC） Q6

[4]

(1) I chose a hat for him.
　　私は彼のために帽子を選んだ。 Q7

(2) He told an interesting story to us.
　　彼は私達に面白い話をした。 Q7

[5]

(1) We discussed the problem very seriously.
　　（SVO：O = the problem） Q5

(2) This sweater feels good.
　　（SVC：C = good） Q6

(3) I found the book easy to read.
　　（SVOC：O = the book　C = easy） Q8

(4) He left us many works.
　　（SVOO：O = us　O = many works） Q8

17 名詞・冠詞

難易度A ☆

Q1　名詞について学ぶことは？

まず複数の作り方である。

基本的には複数の時は s をつける。one pen → two pens
es がつくものもある　dish → dishes　family → families
　　　　　　　　＊動詞の s と同じつけ方。(第 1 課参照)

また 不規則なものもある
child / children　man / men　tooth / teeth (歯) など

Q2　数えられない名詞を数えるためには？

a 〜 of といった形を利用する。

　　a glass of water　　1 杯の水
　　a cup of coffee　　　1 杯のコーヒー
　　a piece of paper　　 1 枚の紙

Q3　冠詞とは？

名詞の前につける a / an、the のこと。

不特定のものは　a book (1 冊の本)
　　ただし母音で始まる単語の前では an album (1 冊のアルバム)

特定されたものの前では the book (その本)
　　天体などにも the がつく the sun
　　　　＊聞き手が 1 つのものに特定できれば the をつける。

難易度B ☆☆

Q4　このレベルで学ぶべき不可算名詞は？

次の5つだ。いずれも a piece of ~ で数える。

　　advice（助言）　　news（ニュース）　　information（情報）
　　furniture（家具）　baggage（荷物）

Q5　単数・複数で注意すべきものは？

まず集合名詞。family、class、police など
　　My family is big.（私の家族は大きい：集団として）
　　My family are fine.（家族はみんな元気だ：メンバーについて）

次に複数に s がつかないパターン。
ハイフォンでつないで名詞を修飾する場合だ。
　　a five-year-old boy（5歳の少年）＊years にならない。

さらに複数の s に所有格（〜の）をつける場合。
　　a girls' school（女子校）

Q6　冠詞で注意すべき表現は？

まず a がついて特別な意味を持つもの。

　　a paper　　新聞　　　　　　a fire　火事
　　a people　国民・民族　　　　a 人名　〜という人
　　a 企業名　製品

そして以下の2つの表現だ。

　　the 形容詞　：〜の人々　→　the poor 貧しい人々
　　a 〜　　　　：〜につき　→　twice a year　1年に2回

練習問題にチャレンジ

[1] ( )内の部分を適当な形にしなさい。

(1) He washed a lot of (dish).

(2) Three (child) were playing together.

(3) I drank two (coffee).

(4) We live on (earth).

[2] 誤りを修正しなさい。

(1) She has two daughter.

_____ → _____

(2) My wife works three times in a week.

_____ → _____

(3) He gave me a good advice.

_____ → _____

(4) Susan, a ten-years-old girl, stayed with us.

_____ → _____

(5) The police is after the suspect.

_____ → _____

suspect 容疑者

Check Your Answers

[1]

(1) dishes（← dish：複数）

彼はたくさんの皿を洗った。　Q1

(2) children（← child：複数）

3人の子供たちが一緒に遊んでいた。　Q1

(3) cups of coffee（不可算名詞）

私はコーヒーを2杯飲んだ。　Q2

(4) the earth（天体）

私達は地球上に暮らしている。　Q3

[2]

(1) daughter → daughters（複数のs）

彼女には2人の娘がいる。　Q1

(2) in a → a（「～につき」という時は前置詞なし）

私の妻は週に3回働く。　Q6

(3) a good → good（a piece of good advice も可）

彼は私によいアドバイスを与えてくれた。　Q4

(4) years → year（名詞修飾の時は単数形）

10歳の少女のスーザンが我が家に泊まった。　Q5

(5) is → are（集合名詞：構成員を意味するときは複数扱い）

警察はその容疑者を追いかけている。　Q5

練習問題にチャレンジ

[3] 次の英文を日本語に訳しなさい。

(1) There was a big fire last night.

(2) Is the bag that you have a Chanel?

(3) John, a call from a Mr. Davis!

(4) This new policy must be good for the young.

(5) Did you read a paper this morning?

　　policy 政策

[4] 指示された語を利用して英文にしなさい。

(1) 彼らは家具をいくつか買った。(furniture)

(2) 彼らは保守的な国民だ。(people)

(3) 私は役立つ情報をひとつ得た。(information)

　　conservative 保守的な　useful 役立つ

Check Your Answers

[3]

(1) 昨夜大きな火事があった。

　　（a fire 火事）　　　　　　　　　　　　　Q6

(2) あなたが持っているそのバッグはシャネル製ですか。

　　（a 企業名　製品）　　　　　　　　　　　Q6

(3) ジョン、デイビスさんという人から電話だよ。

　　（a 人名　～という人）　　　　　　　　　Q6

(4) この新政策は若者にとって良いに違いない。

　　（the 形容詞　～の人々）　　　　　　　　Q6

(5) あなたは今朝新聞を読みましたか。

　　（a paper　新聞）　　　　　　　　　　　Q6

[4]

(1) They bought some pieces of furniture.

　　（furniture は不可算名詞）　　　　　　　Q4

(2) They are a conservative people.

　　（a people 国民）　　　　　　　　　　　Q6

(3) I got a piece of useful information.

　　（information は不可算名詞）　　　　　　Q4

18 代名詞

難易度A ☆

Q1 まず覚えるべき代名詞とは？

人に関する代名詞だ。これは確実に覚えたい。

	主格 〜は	所有格 〜の	目的格 〜を・〜に	所有代名詞 〜のもの
私	I	my	me	mine
君	you	your	you	yours
彼	he	his	him	his
彼女	she	her	her	hers
それ	it	its	it	―
私達	we	our	us	ours
君達	you	your	you	yours
彼ら・それら	they	their	them	theirs

＊前置詞の後は目的格を使う。（例 for him）

＊〜自身　単数：myself / yourself / himself / herself / itself
　　　　　複数：ourselves / yourselves / themselves

Q2 It が常に主語となるのは？

意味上特に主語を必要としない文だ。
時間、天候、温暖、明暗、距離などがそれにあたる。

　It is seven thirty.（7時30分だ）
　It was cold.（寒かった）

Q3 形式主語 / 形式目的語とは？

次のように用いる it である。to do や that SV を指す。

形式主語

It was easy to find the shop.（その店を見つけるのは簡単だった）

形式目的語

I found it strange that she came alone.
　　　　　　　　　　　（彼女が 1 人で来たのは変だと思った）

Q4 it と one はどこが違う？

pen を例にとると、

　　the pen → it / a pen → one という違いである。

I bought a pen,	私はペンを買った、
but I lost it（= the pen）,	しかし私はそれをなくした
so I have to buy one（= a pen）.	それでペンを買わなければならない。

Q5 all、each、every はどう区別する？

次のような違いがある。

all　「すべて」可算(複数)、不可算(単数)どちらでも OK。
each　「それぞれ」単数扱い
every「(ひとつひとつ)すべての」
　　＊every だけは必ず名詞が伴う（例 every man）。つまり every は代名詞ではなく形容詞である（all、each は代名詞と形容詞の機能を併せ持つ）。

練習問題にチャレンジ

[1] 適当なものを選択しなさい。

(1) Your bike is lighter than (　).

　① me　　　　② my　　　　③ mine

(2) My father is working hard for (　).

　① we　　　　② our　　　　③ us

(3) They should do it (　).

　① themself　　② theirselves　　③ themselves

(4) (　) is raining heavily.

　① It　　　　② That　　　　③ This

(5) (　) of them has a uniform.

　① Every　　　② Each　　　③ All

(6) He has a dog. I also want (　).

　① it　　　　② one　　　　③ a one

(7) It's interesting (　) a foreign language.

　① spoken　　② speak　　　③ to speak

(8) I found (　) difficult to study chemistry.

　① this　　　② it　　　　③ one

(9) Is she (　) teacher?

　① their　　　② them　　　③ theirs

chemistry 化学

Check Your Answers

[1]

(1) ③ mine（私のもの ＝ my bike）

君の自転車の方が私のものより軽い。　　　　　　　　　**Q1**

(2) ③ us（前置詞のあとは目的格）

私の父は私達のために一生懸命働いている。　　　　　　**Q1**

(3) ③ themselves（彼ら自身で）

彼らは彼ら自身でそれをすべきだ。　　　　　　　　　　**Q1**

(4) ① It（天候の It）

雨が激しく降っている。　　　　　　　　　　　　　　　**Q2**

(5) ② Each（has から単数だとわかる。every は単独で使えない）

彼らひとりひとりが制服を持っている。　　　　　　　　**Q5**

(6) ② one（＝ a dog）

彼は犬を飼っている。私も犬が欲しい。　　　　　　　　**Q4**

(7) ③ to speak（形式主語 it の示す内容）

外国語を話すことは面白い。　　　　　　　　　　　　　**Q3**

(8) ② it（形式目的語 it の内容は to study chemistry）

私は化学を勉強するのは難しいと気づいた。　　　　　　**Q3**

(9) ① their（彼らの：所有格）

彼女が彼らの先生ですか。　　　　　　　　　　　　　　**Q1**

難易度B ☆☆

Q6 other の区別は？

数と the に注目すればうまく整理できる。
単数には an - 複数には -s をつける。
そして「残りすべて」を指す時は the をつける。
すると次のような表ができる。

	〈他〉	残りすべて
単数	another	the other
複数	others	the others

Q7 具体的には？

次の英作文で確認しよう。
「私には息子が3人いて、1人は大阪、あとの2人は東京にいる。」

「あとの2人」は複数で、残りすべてなので the others とする。

　　I have three sons.
　　One is in Osaka and the others are in Tokyo.

Q8 that / those の重要な用法は？

前出の単語の反復を避けるために使われる。

　　The population of Japan is smaller than that of America.
　　　　　　　　（日本の人口はアメリカの人口よりも少ない）
　＊ただし複数の単語をさす場合は those になる。

また those は「人々」という意味にもなる。(those who 〜する人々)

Q9　none と neither の違いは？

いずれも「ひとつもない」という全否定の単語だが、
none は 3 つ以上、neither は 2 つを対象とする。

　　　none of us（3 人以上）　　　neither of us（2 人）

難易度C　☆☆☆

Q10　慣用表現はどのようなものがあるか？

まず other 関連から、

each other	お互いに（基本的に 2 人）
one another	お互いに（基本的に 3 人以上）
one after another	次から次に
〜 is one thing, and 〜 is another	〜と〜は別物
some 〜, and others 〜	〜もいれば〜もいる

＊each other は難易度 A の表現だが便宜上ここに入れている。

次に -self 関連を、

help oneself to 〜	自由に取る
by（for）oneself	ひとりで
in itself	それ自体

練習問題にチャレンジ

[2] 誤りを修正しなさい。

(1) Some like coffee and other like tea.

　　　　　　　　　　　　_____ → _____

(2) I have two pens. One is black and another is red.

　　　　　　　　　　　　_____ → _____

(3) The price of this camera is higher than it of that one.

　　　　　　　　　　　　_____ → _____

(4) Please help itself to this cake.

　　　　　　　　　　　　_____ → _____

(5) They helped other each.

　　　　　　　　　　　　_____ → _____

(6) None of my parents speaks English.

　　　　　　　　　　　　_____ → _____

[3] 指示された語を利用して英文を作りなさい。

(1) 他のを見せてください。　　　(another)

_____

(2) 彼女はあらゆる事を自分でする。　(by herself)

_____

(3) 私達は次から次に問題を見つけた。(one after another)

_____

problem 問題

Check Your Answers

[2]

(1) other → others (some / others ～もいれば～もいる)

コーヒーが好きな人もいれば紅茶が好きな人もいる。 Q10

(2) another → the other (残りすべての単数)

私は2本ペンを持っている。1つは黒でもう1つは赤だ。 Q6

(3) it → that (the price の代わり)

このカメラの値段はあのカメラの値段より高い。 Q8

(4) itself → yourself (自由に取る)

どうぞこのケーキを自由に取ってください。 Q10

(5) other each → each other (お互いに)

彼らはお互いに助け合った。 Q10

(6) None → Neither (両親は2人なので neither)

私の両親は2人とも英語を話さない。 Q9

[3]

(1) Please show me another.

(単数で、残りのすべてではないので another) Q6

(2) She does everything by herself.

(by oneself ひとりで) Q10

(3) We found problems one after another.

(one after another 次から次に) Q10

19 形容詞・副詞

難易度A ☆

Q1 形容詞と副詞の違いは？

名詞を説明するものが形容詞。
名詞以外を説明するものが副詞。

Q2 まず形容詞で学ぶべきものは？

数に関わる形容詞だ。

	多くの	少しの	ほとんどない
可算	many	a few	few
不可算	much	a little	little

＊a lot of（多くの）は可算でも不可算でも使う。
＊ただし quite a few (little) は「かなり多い」という意味。

Q3 some と any の違いは？

「いくらか」という意味で some が肯定、any が疑問、否定で使うという分類になるが、any は「どんな〜でも」という無制限の意味がベースになっている。

  I have some money.　（私はいくらかお金を持っている）
 → I don't have any money.
  Do you have any money?

  Any book is OK.　（どんな本でもかまわない）

Q4 よく用いられる副詞は？

頻度を表す以下の4つ。基本的に be 動詞の後、一般動詞の前に置く。
 always いつも　usually たいてい　often よく　sometimes 時々

場所や時間を表すものもある。これらは文末に置くことが多い。
　　　here ここ　there そこ　now 今　then そのとき

また副詞は形容詞に ly を付けて出来たものも多い。
　　　real 本当の（形容詞）→ really 本当に（副詞）

難易度B　☆☆

Q5　位置が決まっている形容詞は？
次のようなものがある。

　名詞の前に置く　　main（主な）、only（唯一の）
　補語の位置で使う　alike（似て）　alive（生きて）　asleep（眠って）
　　　＊上を限定用法、下を叙述用法と呼ぶ。

Q6　「ほとんど」の使い分けは？
形容詞 most ほとんどの
副詞　 almost ほとんど　mostly 大部分が

　　most students　　　　　　ほとんどの学生
　　almost all students　　　　ほとんどすべての学生
　　mostly students　　　　　（〜するのは）大部分が学生

Q7　〜 ago と 〜 before の区別は？
いつを基準にするかで使い分けを行う。

　現時点から数えれば　　　　　〜　ago
　過去の一時点から数えれば　　〜　before

練習問題にチャレンジ

[1] 誤りを修正しなさい。

(1) I bought much books.

　　　　　　　　　　　　　　_____ → _____

(2) Do you have some brothers or sisters?

　　　　　　　　　　　　　　_____ → _____

(3) She often is absent from work.

　　　　　　　　　　　　　　_____ → _____

(4) The members are most males.

　　　　　　　　　　　　　　_____ → _____

(5) They sang a song happy.

　　　　　　　　　　　　　　_____ → _____

[2] 日本語に合うように(　　)内に適当な語を入れなさい。

(1) 私は時々孤独を感じる。

　　I (　　　) (　　　) lonely.

(2) ここはほとんど雪が降らない。

　　We have (　　　) (　　　) here.

(3) 彼女はその2日前に買ったペンをなくした。

　　She lost the pen she had bought (　　　) (　　　) (　　　).

(4) そのパイロットは生きていた。

　　The pilot (　　　) (　　　).

Check Your Answers

[1]

(1) much → many（可算なので many）

　　私は多くの本を買った。　　　　　　　　　　　Q2

(2) some → any（疑問なので any）

　　あなたは兄弟か姉妹がいますか。　　　　　　　Q3

(3) often is → is often（often は be 動詞の後）

　　彼女はたびたび仕事を休む。　　　　　　　　　Q4

(4) most → mostly（mostly 大部分が）

　　メンバーは大部分が男性だ。　　　　　　　　　Q6

(5) happy → happily（happily : sang にかかる副詞）

　　彼らは楽しそうに歌を歌った。　　　　　　　　Q4

[2]

(1) sometimes feel

　　（sometimes は一般動詞の前に置く）　　　　　Q4

(2) little snow

　　（little ほとんどない：不可算）　　　　　　　　Q2

(3) two days before

　　（過去のある時点から数える時は before）　　　Q7

(4) was alive

　　（alive 補語としてのみ使う形容詞）　　　　　　Q5

20 比較

難易度A ☆

Q1 比較で一番大事なポイントは？

比較は文が長くなりがちなので、一見複雑な文法項目に見えるが、結局、tall / taller / tallest の話しかないことに注目する。

形容詞あるいは副詞に程度の情報を加えるのが「比較」だ。

  tall taller（もっと高い） tallest（一番高い）
  原級 比較級   最上級

Q2 特殊なタイプの比較級、最上級は？

複数の音節をもつ（=母音の位置が複数の）場合、原則的に more / most を使う。

  difficult / more difficult / most difficult
  原級   比較級   最上級

また次のような比較級 / 最上級もある。

  many、much（多くの）/ more / most
  good、well（良い、良く）/ better / best

Q3 原級を使う比較の例は？

次のように使う。

  She is <u>as</u> old <u>as</u> him.（彼女は彼と同じ年齢だ）
  I'm <u>not as</u> young <u>as</u> her.（私は彼女ほど若くない）
         ＊not so - as となることもある

また can と組み合わせることがよくある。
as - as one can（できるだけ〜）

　　I ran as fast as I could.（私はできる限り速く走った）
　　　　　　　　　　　　　　＊as - as possible とも言える。

Q4　比較級の具体例は？

more のタイプがあるので 2 通りになる。
また比較の対象はいずれも than でつなぐ。

　　She is older than him.　　（彼女は彼より年上だ）
　　This question is more difficult than that one.
　　　　　　　　　　（この質問の方があの質問より難しい）

疑問詞を使う場合もある。

　　Which do you like better, beef or pork?
　　　　　　　　　　　　（牛肉と豚肉はどちらが好みですか）
　　　　＊like はこのように better / best と組み合わせる。
　　　　＊対象が人の時は which の代わりに who を使うことが多い。

Q5　最上級については？

比較級同様 2 通り作ることができる。
また最上級には the をつける。

　　She is the oldest of the three.（彼女は 3 人の中で一番年上だ）
　　Science is the most difficult subject.（理科が一番難しい科目だ）
　　　　＊Science is more difficult than any other subject. とも言える。

また後半につく前置詞 of と in は次のように使い分ける。

　　of the three　その 3 人の内で（比較の対象を示す）
　　in Japan　　　日本の中で（比較の範囲を示す）

練習問題にチャレンジ

[1] (　) に適当な単語を入れなさい。

(1) He is (　　　　) youngest of the three.

(2) I can run faster (　　　　) you.

(3) Soccer is (　　　　) popular than baseball in my office.

(4) She is (　　　) tall (　　　　) her sister.

(5) I think this lake is the (　　　　) beautiful in the world.

(6) (　　　　) is more difficult, French or Italian?

[2] 指示された語を使って、次の日本文を英文にしなさい。

(1) 私は彼ほど忙しくない。(as)

(2) 韓国で最も有名な歌手は誰ですか。(famous)

(3) 私はできるだけ熱心に働いている。(hard)

Check Your Answers

[1]

(1) the（最上級には the をつける）

彼はその3人の中で一番若い。　Q5

(2) than（faster という比較級があるので than を使う）

私は君より速く走れる。　Q4

(3) more（長い単語の比較級）

私の職場ではサッカーの方が野球より人気がある。　Q4

(4) as / as（同じくらい〜）

彼女は彼女の姉妹と同じくらい背が高い。　Q3

(5) most（長い単語の最上級）

私はこの湖が世界で一番美しいと思う。　Q5

(6) Which（どちら）

フランス語とイタリア語はどちらがより難しいですか。　Q4

[2]

(1) I'm not as busy as him.

（not as - as …ほど〜でない）　Q3

(2) Who is the most famous singer in Korea?

（the most - 最も〜）　Q5

(3) I'm working as hard as I can.（as hard as possible も可）

（as - as one can できるだけ〜）　Q3

難易度B ☆☆

Q6 原級を使う応用項目は？

まず倍数表現だ。

　His score is three <u>times</u> as high <u>as</u> mine.（彼の得点は私の3倍だ）
　　　　　　　　　　＊2倍は twice と言う。

さらに強調に使われることもある。

　I went <u>as far as</u> Russia.（私ははるばるロシアまで行った）

Q7 比較級については？

まず程度を示す表現だ。

　This is <u>much（far）</u> cheaper than that.
　　　　　　　　　　　（この方があれよりはるかに安い）
　She is <u>three years</u> older than me.（彼女は私より3歳年上だ）
　　＊She is older than me by three years. とも言える。

次に比較級に the がつくケースだ。
これは対象が2人の場合だが、2人の時は比較級で1人を特定できるので the をつける。

　My sister is <u>the</u> taller of the two.
　　　　　　　　　（私の妹はその2人の内の背の高い方だ）

また than の代わりに to を用いるものもある。

　A is inferior to B.（A は B より劣っている）
　　＊superior 優れている senior 年上 junior 年下、も同様だ。
　　＊I prefer A to B.（B より A を好む）という表現もある。

Q8 最上級については？

自己との比較では the を最上級につけない。
　　This lake is deepest here.（この湖はここが一番深い）

副詞の場合にも the を省略することができる。
　　She likes tennis（the）best.（彼女はテニスが一番好きだ）

程度は by far を使う。
　　He is by far the best player.（彼は飛びぬけて一番よい選手だ）

最後に次のような比較級・最上級も見ておこう。
　　little（わずか）/ less / least　　bad（悪い）/ worse / worst

難易度C　☆☆☆

Q9　慣用表現については？

原級は 2 パターン。

not so much A as B	A というよりは B
as 〜 as any	どれにも劣らないほど

比較級は 6 パターン。

the 比較級, the 比較級	〜すればするほど
know better than	〜するより分別がある
all the better for（because SV）	〜でより一層
much less	なおさら（否定の後）
no more（less）than	〜だけ（〜も）
A no more（less）〜 than B	A は B 同様〜でない（〜だ）

最上級は 1 パターン

at least（most）	少なくとも（多くとも）

練習問題にチャレンジ

[3] 誤りを修正しなさい。

(1) This painting is more better than that one.

　　　　　　　　　　_____ → _____

(2) She is superior than me in English.

　　　　　　　　　　_____ → _____

(3) This beer is far the most popular now.

　　　　　　　　　　_____ → _____

(4) Your room is twice large as mine.

　　　　　　　　　　_____ → _____

(5) This flower is the most beautiful in the morning.

　　　　　　　　　　_____ → _____

[4] (　) に適当な単語を入れなさい。

(1) He is (　　　　) younger of the two.

(2) We like her all the (　　　　) (　　　　) her kindness.

(3) (　　　　) least two thousand workers gathered there.

(4) She is not (　　　　) (　　　　) a teacher as a researcher.

Check Your Answers

[3]

(1) more → much または far（比較級の強調）
　　この絵の方があれよりもはるかによい。　　　　　　　Q7

(2) than → to（be superior to）
　　英語では彼女の方が私より優れてる。　　　　　　　　Q7

(3) far → by far（最上級の強調）
　　このビールが今飛びぬけて一番人気がある。　　　　　Q8

(4) large → as large（2倍は twice as ～ as）
　　あなたの部屋は私の部屋の2倍の大きさがある。　　　Q6

(5) the most → most（自己との比較は the をつけない）
　　この花は朝が一番美しい。　　　　　　　　　　　　　Q8

[4]

(1) the（2人の場合は比較級に the をつける）
　　彼は2人の内の若い方だ。　　　　　　　　　　　　　Q7

(2) better for（all the better for　～でより一層）
　　私達は親切さゆえにより一層彼女のことが好きだ。　　Q9

(3) At（at least　少なくとも）
　　少なくとも2000人の労働者がそこに集まった。　　　Q9

(4) so much（not so much A as B　A というよりむしろ B）
　　彼女は教師と言うよりは研究者だ。　　　　　　　　　Q9

練習問題にチャレンジ

[5] 並び替えて英文を完成させなさい。
また必要に応じてコンマをつけること。

(1) The more friends (the, get, you, happier) you become.

(2) I had (two, than, more, no) dollars at that time.

(3) Their share (larger, is, ten, percent) than ours.

(4) She should (than, better, to, know) buy such cheap things.

[6] 日本文に直しなさい。

(1) It was one of the worst crimes.

(2) I can't speak English, much less French.

(3) This software is as good as any.

(4) She is no less diligent than her predecessor.

crime 犯罪　diligent 勤勉な　predecessor 前任者

Check Your Answers

[5]

(1) The more friends you get, the happier you become.

（多くの友人を持てば持つほど楽しくなる） Q9

(2) I had no more than two dollars at that time.

私はその時2ドルしか持っていなかった。 Q9

(3) Their share is ten percent larger than ours.

彼らのシェアは我々よりも10％大きい。 Q7

(4) She should know better than to buy such cheap things.

彼女はそんな安物を買わないくらいの分別をもつべきだ。 Q9

[6]

(1) それは最悪の犯罪のうちのひとつだった。

（worst は bad の最上級） Q8

(2) 私は英語が話せない、フランス語はなおさらだ。

（much less なおさら） Q9

(3) このソフトウエアはどれにも劣らないほど良いものだ。

（as ～ as any どんなものにも劣らない） Q9

(4) 彼女は前任者同様勤勉だ。

（no less ～ than 同様に～だ） Q9

21 前置詞

難易度A ☆

Q1　位置の前置詞はどのようなものがあるか？

in / at / on
　　in Japan（日本の中で）　at school（学校で：狭い場所）
　　on the desk（机の上：接するもの）

from / to / for
　　from Tokyo（東京から）　to Osaka（大阪まで）
　　for Hakata（博多に向けて）

through / toward
　　through the park（公園を通って）　toward the station（駅の方へ）

along / across
　　along the river（川に沿って）　across the street（道を横切って）

near / by
　　near the park（公園の近く）　by the window（窓のそば）

under / over
　　under the chair（椅子の下）　over the fence（塀を越えて）

in front of / behind
　　in front of the house（家の前）　behind the door（ドアの後ろ）

between / among
　　between the two（その2人の間で：対象が2つ）
　　among the students（その学生たちの間で：3つ以上）

Q2　時間を表す前置詞は？

at / on / in
　　at 5（5時に：時刻）　　on Sunday（日曜日に：日にち）
　　in July（7月に：月、季節、年、世紀）

before / after
　　before dinner（夕食前）　　after dinner（夕食後）

for / during
　　for 3 days（3日間）　　during the vacation（休みの間：特定期間）

till (until) / by
　　till 6（6時まで）　　by 6（6時までに）

Q3　その他には？

of / about
　　of my house（私の家の）　　about the future（未来について）

for / around
　　for Ken（ケンのために / にとって）　　around Ken（ケンの回りに）

like / as
　　like a dog（犬のように）　　as a student（学生として）

by / in
　　by car（車で：手段）　　in English（英語で：言語）

with / without
　　with her（彼女と）　　without her help（彼女の助けなしで）

練習問題にチャレンジ

[1] 適当な前置詞を選択しなさい。

(1) I usually go to bed (　) eleven.

　① in　　　　　　② at　　　　　　③ on

(2) Our company is (　) the station.

　① toward　　　　② for　　　　　 ③ near

(3) They walked (　) the river.

　① along　　　　 ② as　　　　　　③ during

(4) We talked (　) our trip.

　① about　　　　 ② at　　　　　　③ in

(5) She left (　) any money.

　① in　　　　　　② without　　　 ③ through

(6) Is this the train (　) Kagoshima?

　① for　　　　　 ② at　　　　　　③ to

(7) I found my pen (　) the sofa.

　① across　　　　② under　　　　 ③ through

(8) I have to get home (　) ten.

　① till　　　　　 ② of　　　　　　③ by

(9) A stranger was standing (　) me.

　① in　　　　　　② at　　　　　　③ behind

(10) He ran (　) the cry.

　① toward　　　　② among　　　　 ③ over

Check Your Answers

[1]

(1) ② at（時刻）

　　私はたいてい11時に寝る。　　　　　　　　　　　Q2

(2) ③ near（〜の近く）

　　私達の会社は駅の近くだ。　　　　　　　　　　　Q1

(3) ① along（〜に沿って）

　　彼らは川に沿って歩いた。　　　　　　　　　　　Q1

(4) ① about（〜について）

　　私達は私達の旅行について話し合った。　　　　　Q3

(5) ② without（〜なしで）

　　彼女はまったく金を持たずに出て行った。　　　　Q3

(6) ① for（〜へ向けて）

　　これは鹿児島行きの列車ですか。　　　　　　　　Q1

(7) ② under（〜の下）

　　私はソファーの下に私のペンを見つけた。　　　　Q1

(8) ③ by（〜までに）

　　私は10時までに帰らなくてはならない。　　　　　Q2

(9) ③ behind（〜の後ろに）

　　見知らぬ人が私の後ろに立っていた。　　　　　　Q1

(10) ① toward（〜の方へ）

　　彼はその叫び声の方へ走っていった。　　　　　　Q1

練習問題にチャレンジ

[2] (　) に適当な語を入れなさい。

(1) I was sitting (　　　　) Hiroshi and Ami.

(2) I was waiting for him (　　　　) (　　　　) of my house.

(3) She wrote an e-mail (　　　　) English.

(4) I saw a musical (　　　　) my stay in London.

(5) The animal looked (　　　　) a cat.

(6) I don't work (　　　　) Saturdays and Sundays.

[3] 並び替えて英文を完成しなさい。

(1) Where (from, you, are) ?

(2) The (is, on, bag, table, the) mine.

(3) I saw some (the, students, across, swimming) river.

(4) New York (the, isn't, of, capital) America.

capital 首都

📘 Check Your Answers

[2]

(1) between（2者の間）　私はヒロシとアミの間に座っていた。　Q1

(2) in front（of）（〜の前で）　私は私の家の前で彼を待っていた。

　　　　　　　　　　　　　　　　　　　　　　　　　　　　Q1

(3) in（言語）　彼女は英語でメールを書いた。　Q3

(4) during（特定期間）

　　私はロンドン滞在中にミュージカルを見た。　Q2

(5) like（〜のような）　その動物は猫のように見えた。　Q3

(6) on（日にち）　私は土曜日と日曜日は働かない。　Q2

[3]

(1) Where are you from?

　　あなたはどこから来ましたか。　Q1

(2) The bag on the table is mine.

　　テーブルの上のカバンは私のものだ。　Q1

(3) I saw some students swimming across the river.

　　私は何人かの学生が川を泳いで渡っているのを見た。　Q1

(4) New York isn't the capital of America.

　　ニューヨークはアメリカの首都ではない。　Q3

難易度B ☆☆

Q4 これまで出た前置詞の注意すべき意味は？

in / on
 in an hour（1時間で）   on Japan（日本に関して）

of / with
 of value（価値のある）（use、help、importance など）
 with care（気をつけながら）（difficulty、ease など）

by
 by the day（1日単位で） by 3 cm（3cm ほど：程度）

Q5 新たに出てくる前置詞は

within / beyond
 within an hour（1時間以内に） beyond the limit（限界を越えた）

above / below
 above the line（線よりも上） below the line（線よりも下）

into / out of
 into the house（家の中へ） out of the country（国外へ）

beside / besides
 beside him（彼のそば）   besides the price（価格に加えて）

難易度C ☆☆☆

Q6　2語以上で1つの前置詞の役割を果たすものは？

instead of / in spite of

　　instead of me（私の代わりに）

　　in spite of the cold（その寒さにもかかわらず）

because of / due to

　　because of the rain（雨のために）　　due to the rain（雨のために）

according to / thanks to

　　according to him（彼によれば）　　thanks to him（彼のおかげで）

練習問題にチャレンジ

[4] 日本文に合うような語を(　)内に入れなさい。

(1) 彼女は10分で戻ってきます。

　　She will be back (　　　) (　　　) (　　　).

(2) この置時計は大変な価値がある。

　　This clock is (　　　) great (　　　).

(3) 彼はその窓から飛び出してきた。

　　He jumped (　　　) (　　　) the window.

(4) マイクによれば、そのプロジェクトは中止になった。

　　(　　　) (　　　) (　　　), the project was cancelled.

[5] 適当な前置詞を入れなさい。

(1) She is taller than me (　　　) 2 cm.

(2) We saw the moon (　　　) the horizon.

(3) I opened the box (　　　) care.

(4) (　　　) being free, it is very useful.

[6] 和訳しなさい。

(1) In spite of our opposition, they got married.

_____

(2) You should go outside instead of watching TV.

_____

　　opposition　反対

📘 Check Your Answers

[4]

(1) in ten minutes（in 〜で）　　　　　　　　　　　Q4

(2) of / value（of value 価値がある）　　　　　　　Q4

(3) out of（out of 〜の外へ）　　　　　　　　　　Q5

(4) According to Mike（according to 〜によれば）　Q6

[5]

(1) by（〜ほど：程度）

彼女は私より 2 cm ほど背が高い。　　　　　　　Q4

(2) above（〜の上方に）

水平線の上に月が見えた。　　　　　　　　　　　Q5

(3) with（with care 注意して）

私は注意してその箱を開けた。　　　　　　　　　Q4

(4) Besides（〜に加えて）

無料であることに加えて、それは大変役に立つ。　　Q5

[6]

(1) 私達の反対にもかかわらず彼らは結婚した。

（in spite of 〜にもかかわらず）　　　　　　　Q6

(2) あなたはテレビを見る代わりに外へ出るべきだ。

（instead of 〜の代わりに）　　　　　　　　　Q6

練習問題にチャレンジ

[7] 並び替えて英文を完成しなさい。

(1) The house (reach, was, our, beyond) .

_____

(2) My score (average, below, was, the) .

_____

(3) I can finish (a, this, week, within) .

_____

(4) The (standing, Jane, girl, beside) is my sister.

_____

　　reach 手の届く距離

[8] 指定された語を利用して英文を作りなさい。

(1) あなたはこの自転車を時間単位で借りることができる。(rent / hour)

_____

(2) 何人かの子供達が列車に走りこんできた。(into)

_____

(3) その事故のために多くの人がケガをした。(be injured / due to)

_____

(4) あなたのおかげで、そのパーティーは成功だった。

　　　　　　　　　　　　　　　(thanks to / be successful)

_____

Check Your Answers

[7]

(1) The house was beyond our reach.

その家は私達の手の届かないものだった。 Q5

(2) My score was below the average.

私の点数は平均を下回っていた。 Q5

(3) I can finish this within a week.

私はこれを1週間以内に終えることができる。 Q5

(4) The girl standing beside Jane is my sister.

ジェインのそばに立っている少女は私の妹だ。 Q5

[8]

(1) You can rent this bike by the hour.

(by 単位) Q4

(2) Some children ran into the train.

(into 〜の中へ) Q5

(3) Many people were injured due to the accident.

(due to 〜のために) Q6

(4) Thanks to you, the party was successful.

(thanks to 〜のおかげで) Q6

22 否定

難易度B ☆☆

Q1 部分否定と全否定の違いは？

部分否定とは「必ずしも〜でない」という意味で、全否定は「全く〜でない」という意味だ。

部分否定は not を「すべて」という意味の単語と組み合わせる。
全否定は not を「どれでも」という意味の単語と組み合わせる。

〈not 〜〉	2つ	3つ以上
部分否定	both	every / all
全否定	either	any

＊また no、never、neither（2）、none（3以上）などは全否定になる。

Q2 準否定とは？

「ほとんど〜ない」という意味の否定の形だ。
以下のような単語が使われる。

hardly（scarcely）　　　ほとんど〜ない（程度）
seldom（rarely）　　　　めったにない（頻度）
few（可算）little（不可算）　ほとんどない（数量）

Q3 2重否定とは？

否定を2回使うことでその表現を強める方法だ。
never（can't）- without 〜 が代表例だ。

　　They never see each other without starting to argue.
　　（彼らは言い争いを始めずに顔を合わすことは決してない。
　　　＝会えばいつも言い争いを始める）

難易度C ☆☆☆

Q4 否定の慣用表現は？

まず no や not を使うものを 6 つ。

no longer	もはや〜でない
by no means	決して〜でない
not 〜 any more (longer)	もはや〜でない
not 〜 in the least (at all)	まったく〜でない
It is not long before SV	まもなく〜
It is not until 〜 that SV	〜してはじめて

次に no や not がつかないものを 6 つ。

anything but	決して〜でない
far from	〜から程遠い
free from	〜を免れている
beyond description	表現できない
the last person to (do)	〜しそうにない人
fail to (do)	〜しそこなう

練習問題にチャレンジ

[1] 日本文に合うように(　)内に適当な語を入れなさい。

(1) ほとんど間違いはなかった。

　　There were (　　　) mistakes.

(2) 私達の息子はめったに私達に電話をしてこない。

　　Our son (　　　) (　　　) us.

(3) 私はその写真を見るといつも彼女を思い出す。

　　I (　　　) (　　　) the picture (　　　) remembering her.

(4) 彼はウソなどつきそうにない人だ。

　　He is (　　　) (　　　) (　　　) to tell a lie.

[2] 適切なものを選択しなさい。

(1) I won't support him (　) longer.

　　① some　　　② ever　　　③ any

(2) No one is free (　) faults.

　　① away　　　② from　　　③ with

(3) It was not (　) this morning that I knew of my promotion.

　　① until　　　② by　　　③ in

(4) We are by no (　) happy with their decision.

　　① meaning　　② means　　③ mean

....

fault 欠点　　promotion 昇進　　decision 決定

Check Your Answers

[1]

(1) few

　　(few ほとんどない：可算)　　　　　　　　　Q2

(2) seldom (または rarely) calls

　　(seldom / rarely めったに〜ない)　　　　　Q2

(3) never see / without

　　(never 〜 without 二重否定)　　　　　　　Q3

(4) the last person

　　(the last person to (do) 〜しそうにない人)　Q4

[2]

(1) ③ any (not 〜 any longer もはや〜でない)

　　私はもはや彼を支えるつもりはない。　　　　Q4

(2) ② from (free from 免れている)

　　欠点のない人はいない。　　　　　　　　　　Q4

(3) ① until (It is not until 〜 that SV 〜してはじめて)

　　私は今朝になってはじめて自分の昇進について知った。　Q4

(4) ② means (by no means 決して〜でない)

　　私達は決して彼らの決定を喜んでいるわけではない。　Q4

練習問題にチャレンジ

[3] 次の英文を和訳しなさい。

(1) I could hardly understand his story.

(2) We have little snow in this area.

(3) Not everyone liked the new leader.

(4) He didn't buy either of the two jackets.

[4] 並び替えて英文を完成しなさい。

(1) She never (to, her, keep, fails, promise).

(2) The (beyond, beauty, description, was).

(3) They no (talk, other, longer, to, each).

(4) The result (but, anything, satisfactory, is).

(5) It (be, before, everyone, long, won't) knows the truth.

Check Your Answers

[3]

(1) 私は彼の話をほとんど理解できなかった。

（hardly ほとんど〜ない） Q2

(2) この地域ではほとんど雪は降らない。

（little ほとんどない） Q2

(3) 誰もがその新しい指導者を気に入っていたわけではない。

（not every 部分否定） Q1

(4) 彼はその2着のジャケットのどちらも買わなかった。

（not either 全否定） Q1

[4]

(1) She never fails to keep her promise.

彼女が約束を守らないことは決してない。 Q4

(2) The beauty was beyond description.

その美しさは表現できないほどだった。 Q4

(3) They no longer talk to each other.

彼らがお互い言葉を交わすことはない。 Q4

(4) The result is anything but satisfactory.

その結果は決して満足のいくものではない。 Q4

(5) It won't be long before everyone knows the truth.

まもなく誰もがその真実を知ることになるだろう。 Q4

23 特殊な構文

難易度A ☆

Q1　There is / are とはどんなときに使う？

ものの存在を表す時に使う。

日本語訳は「〜がある / いる」となる。

単数には There is 複数には There are を使う。

　　There is a bag.　　　（1つのカバンがある）
　　There are two bags.　（2つのカバンがある）

　＊疑問や否定は be動詞の文として扱う。
　　　There isn't 〜 / Is there 〜?
　＊下のように特定なものには使わない。
　　　Your bag was on the sofa.

Q2　命令文はどうやって作る？

動詞の原形から始めるだけでよい。

否定の時は Don't で始める。

　　Come here at once.　　（ここにすぐに来なさい）
　　Be quiet.　　　　　　　（静かにしなさい）
　　Don't buy such a thing.　（そんなものは買うな）

穏やかに言いたい時は please をつける。

　　Please open the window.
　　Open the window, please.　（窓を開けてください）

また誘う時は Let's を使う。

Let's go out tonight.　　　（今夜は出かけよう）
Yes, let's. / No, let's not.　（そうしよう / やめておこう）

Q3　感嘆文とは何か？

驚きを表す時に使う文の形で、驚いた内容に名詞を含めば What、そうでなければ How を使う。
日本語訳としては「なんて～」となる。

<u>What a small camera</u> this is!　（これはなんて小さなカメラなんだ）
<u>How small</u> this is!　　　　　（これはなんて小さいんだ）

Q4　付加疑問文とは？

「念を押す」ために、文末に質問をつけた文の形のことだ。
肯定文には否定、否定文には肯定の疑問をつける。

You're a student, <u>aren't you</u>?　（あなたは学生ですよね）
John didn't come here, <u>did he</u>?　（ジョンはここに来なかったでしょう）
＊この場合動詞の種類や時制に注意する。

Q5　間接疑問文とは？

疑問文が文の一部となった文だ。
その場合疑問文語順にならない点に注意する。

I don't know <u>where she is</u>.　　（彼女がどこいるか知らない）
Do you know <u>if he is married</u>?
　　　　　（彼が結婚しているかどうか知ってますか）
＊if の代わりに whether（or not）も可。

練習問題にチャレンジ

[1] 日本文に合うように(　)内に単語を入れなさい。

(1) その駅の中には多くの店がありました。

　　(　　　) (　　　　) (　　　　　) (　　　　　　) in the station.

(2) あなたの大学には何人の学生がいますか。

　　How many students (　　　　　) (　　　　　) in your college?

(3) その絵に触れないでください。

　　(　　　) (　　　　) (　　　　　) (　　　　　　), please.

(4) 他の人々に親切にしなさい。

　　(　　　　) (　　　　　) to other people.

(5) あなたの猫がうちの庭にいました。

　　(　　　) (　　　　) (　　　　　) in our garden.

(6) 一緒に映画に行こうよ。

　　(　　　) (　　　　) to the movie together.

[2] 下線部を強調する感嘆文を作りなさい。

(1) He is <u>a good athlete</u>.

_____

(2) The view is <u>beautiful</u>.

_____

　　athlete 運動選手

Check Your Answers

[1]

(1) There were many shops

（複数・過去形なので There were） Q1

(2) are there

（疑問文語順にする） Q1

(3) Don't touch the picture

（禁止の命令文の文頭は Don't にする） Q2

(4) Be kind

（命令文なので原形の be から始める） Q2

(5) Your cat was

（特定のもの(Your cat)なので There is は使わない） Q1

(6) Let's go

（人を誘う場合は Let's を使う） Q2

[2]

(1) What a good athlete he is!

彼はなんていい運動選手なんだ。

（下線部に名詞が含まれているので what を使う） Q3

(2) How beautiful the view is!

その眺めはなんて美しいんだ。

（下線部に名詞が含まれていないので how を使う） Q3

練習問題にチャレンジ

[3] ( )内に単語を入れて付加疑問文の形にしなさい。

(1) You know Tom, (　　　) (　　　)?

(2) She will be here soon, (　　　) (　　　)?

(3) There weren't any students there, (　　　) (　　　)?

(4) Mike couldn't win the game, (　　　) (　　　)?

[4] 2つの文をつないで間接疑問文を作りなさい。

(1) I don't know it.

　　When is his birthday?

(2) Did you know it?

　　Were there any problems?

[5] 日本文を英文にしなさい。

(1) 彼はなんておかしな男なんだ。(funny)

(2) あなたは疲れているんでしょう。(tired)

(3) 私は自分が何冊本を持っているか分からない。(how many)

Check Your Answers

[3]

(1) don't you

　　あなたはトムを知ってますよね。　　　　　　　　Q4

(2) won't she

　　彼女はまもなくここに来ますよね。　　　　　　　Q4

(3) were there

　　そこには学生はいなかったでしょう。　　　　　　Q4

(4) could he

　　マイクはその試合に勝てなかったんでしょう。　　Q4

[4]

(1) I don't know when his birthday is.

　　私は彼の誕生日がいつか知らない。　　　　　　　Q5

(2) Did you know if there were any problems?

　　何か問題があったかどうか知ってますか。　　　　Q5

[5]

(1) What a funny man he is!

　　（名詞を含むので what を使った感嘆文）　　　　Q3

(2) You're tired, aren't you?

　　（be動詞を使った付加疑問文）　　　　　　　　　Q4

(3) I don't know how many books I have.

　　（how many を使った間接疑問文）　　　　　　　Q5

難易度B ☆☆

Q6　強調構文とは何か？

It is で強調したい言葉を示す形で、後半は that でつなぐ。

　　It is Jack that broke the vase.（that = Jack）
　　　　　　　　　　　　　　　（その花瓶を割ったのはジャックだ）
　　It was in this city that I got to know him.（that = in this city）
　　　　　　　　　　　　　　　　（彼と知り合ったのはこの町だ）
　　　　　*that の代わりに who（人）や which（物）なども使われる。

Q7　動詞を強調したい時は？

do / does / did を動詞の前に置く。

　　He did say so.（本当に彼はそう言ったんだ）

Q8　疑問詞を強調したい時は？

疑問詞の後に on earth あるいは in the world を置く。

　　Why on earth were you late?（いったいどうして遅刻したんだ）

Q9　名詞を強調したい時は？

very（まさに）を使う。

　　This is the very novel that I have wanted to read.
　　　　　　　（これはまさに私が読みたいと思っていた小説だ）

Q10　倒置文はどうやって作る？

否定表現などの強調部分を文頭において、その後を疑問文語順にする。

　　Never in my life have I seen a man like him.

(私の人生で彼のような人に会ったことはない)
Only at home can I relax.（くつろげるのは家でだけだ）

Q11　省略は何のため？

反復を防ぐためだ。
具体例としては次のようなものがある。

This house is my uncle's（house）. この家はおじのものだ。
He bought the stock, though I told him not to（buy it）.
（私は止めたのに彼はその株を買った）
Please fix this if（it is）possible.
（可能ならこれを直してください）

難易度C　☆☆☆

Q12　慣用表現はどのようなものがある？

まず「～もそうだ」という倒置タイプの文。
So ～ / Neither ～ となる。

A: Bob is smart. B: So is Sam.（ボブは頭がいい / サムもそうだ）
＊否定文の時は so の代わりに neither を使う。

次に if を使った省略タイプ。その後の単語が省略されている。
If any（もしあれば）
If ever（仮にあったとしても）：seldom / rarely の後に来る

Questions, if any, are welcome now.
（質問があればどうぞ今尋ねてください）
She seldom, if ever, calls me.
（彼女が私に電話することは仮にあってもめったにない）

練習問題にチャレンジ

[6] 下線部を強調する文に書き換えなさい。

(1) I had an accident <u>on our wedding day</u>.

(2) He <u>knows</u> our secret.

(3) He is <u>the man</u> for this job.

(4) <u>Where</u> did you learn such a word?

(5) I <u>never</u> dreamed of it.

[7] 並び替えて正しい英文を完成しなさい。

(1) He did it, even though I (not, asked, to, him).

(2) A: She couldn't get a perfect score. B: (could, I, neither)

(3) I'm sorry for (any, mistakes, if, spelling).

(4) He (if, angry, gets, ever, seldom).

spelling つづり

■ Check Your Answers

[6]

(1) It was on our wedding day that I had an accident.（強調構文）

　私が事故にあったのは私達の結婚式の日だった。　　　　　Q6

(2) He does know our secret.（動詞の強調）

　彼は本当に私達の秘密を知っている。　　　　　　　　　　Q7

(3) He is the very man for this job.（名詞の強調）

　彼はこの仕事にまさにうってつけの人だ。　　　　　　　　Q8

(4) Where on earth (in the world) did you learn such a word?

　いったいどこでそんな言葉を習ったんだ。（疑問詞の強調）Q9

(5) Never did I dream of it.（倒置）

　それは夢にも思わなかった。　　　　　　　　　　　　　Q10

[7]

(1) He did it, even though I asked him not to.（省略）

　彼にしないように頼んだけれど彼はそうした。　　　　　Q11

(2) She couldn't get a perfect score. Neither could I.

　彼女は満点を取れなかった。- 私もだ。（否定では neither）Q12

(3) I'm sorry for spelling mistakes, if any.

　もしつづりの間違いがあったらすみません。　　　　　　Q12

(4) He seldom, if ever, gets angry.

　彼が怒ることは仮にあったとしてもめったにない。　　　Q12

24 第4章のまとめ

難易度A ☆

[1] （ ）内の語を適当な形に変えなさい。

(1) There (be) ten boys there yesterday.

(2) My son is the (tall) in our family.

(3) You went to the concert, (do) you?

(4) My boss is (young) than me.

(5) She has three (child).

(6) I saw (she) in the library.

(7) This is a (real) interesting story.

[2] （ ）内に適当な単語を入れなさい。

(1) I got a new job (　　　) April.

(2) Can I have a (　　　) (　　　) water?

(3) She is not as talkative (　　　) her sister.

talkative おしゃべりな

[1]

(1) were（There were：複数で過去）

昨日そこには10人の少年がいた。　　　　　　　23-Q1

(2) tallest（tall の最上級）

私の息子は私達の家族の中で一番背が高い。　　20-Q5

(3) didn't（付加疑問文：一般動詞で過去）

あなたはそのコンサートに行ったんですね。　　23-Q4

(4) younger（young の比較級）

私の上司は私よりも若い。　　　　　　　　　　20-Q4

(5) She has three children.（child の複数）

彼女には3人の子供がいる。　　　　　　　　　17-Q1

(6) her（彼女を：目的格）　私は図書館で彼女を見かけた。　18-Q1

(7) really（本当に：副詞）　これは本当に面白い話だ。　19-Q4

[2]

(1) in（in 月）　私は4月に新しい仕事を得た。　　　21-Q2

(2) glass of（a glass of ～ 1杯の）

水を一杯もらえますか。　　　　　　　　　　　17-Q2

(3) as（not as ～ as …ほど～でない）

彼女は彼女の姉ほどおしゃべりではない。　　　20-Q3

練習問題にチャレンジ

[3] 適当な語を選択しなさい。

(1) This is (　) interesting movie that I've ever seen.

　① most　　　　　② more　　　　　③ the most

(2) He (　) the Internet.

　① is always using　② always is using　③ is using always

(3) (　) is difficult for me to skate.

　① This　　　　　② It　　　　　　③ That

(4) (　) careful when you drive a car.

　① Are　　　　　② Do　　　　　　③ Be

(5) Which do you like (　), tea or coffee?

　① better　　　　② more　　　　　③ well

(6) I have (　) questions about your report.

　① much　　　　② a little　　　　③ a few

(7) We stayed in Paris (　) five days.

　① during　　　　② for　　　　　　③ in

(8) (　) beautiful it is!

　① What　　　　② How　　　　　③ What a

(9) She found it difficult (　) in public.

　① to speak　　　② spoke　　　　　③ speak

(10) There was an old table (　) the window.

　① on　　　　　② to　　　　　　　③ by

Check Your Answers

[3]

(1) ③ the most（最上級には the をつける）

これは私が今まで見た中で最も面白い映画だ。　20-Q5

(2) ① is always using（頻度の副詞は be 動詞の後）

彼はいつもインターネットを使っている。　19-Q4

(3) ② It（形式主語の it）

私にとってスケートをするのは難しい。　18-Q3

(4) ③ Be（命令文は原形で始める：careful は形容詞なので be）

車を運転する時は注意しなさい。　23-Q2

(5) ① better（〜の方が好きと言う時は better を使う）

あなたは紅茶とコーヒーではどちらが好きですか。　20-Q4

(6) ③ a few（2、3の：much / little は不可算で使う）

私はあなたの報告について2、3質問がある。　19-Q2

(7) ② for（期間の長さを表す）

私達はパリに5日間滞在した。　21-Q2

(8) ② How（感嘆文で名詞を含まない）

それはなんて美しいんだ。　23-Q3

(9) ① to speak（形式目的語it は to do でつなぐ）

彼女は人前で話すことは難しいと感じた。　18-Q3

(10) ③ by（〜のそば）

窓のそばに古いテーブルがあった。　21-Q1

練習問題にチャレンジ

[4] 次の英文の誤りを修正しなさい。

(1) I don't know who is she.

　　　　　　　　　　　　　　＿＿＿＿＿＿＿＿ → ＿＿＿＿＿＿＿＿

(2) I ate a apple for breakfast.

　　　　　　　　　　　　　　＿＿＿＿＿＿＿＿ → ＿＿＿＿＿＿＿＿

(3) He worked as hard as he can.

　　　　　　　　　　　　　　＿＿＿＿＿＿＿＿ → ＿＿＿＿＿＿＿＿

(4) She was standing in front on the shop.

　　　　　　　　　　　　　　＿＿＿＿＿＿＿＿ → ＿＿＿＿＿＿＿＿

(5) The news made Mary sadly.

　　　　　　　　　　　　　　＿＿＿＿＿＿＿＿ → ＿＿＿＿＿＿＿＿

[5] 指示された語を使って英文を作りなさい。

(1) 君は泳げますよね。(can't)

＿＿＿＿＿＿＿＿＿＿＿＿＿＿＿＿＿＿＿＿＿＿＿＿＿＿＿＿＿＿＿＿

(2) 今年はほとんど雪が降らなかった。(it / little)

＿＿＿＿＿＿＿＿＿＿＿＿＿＿＿＿＿＿＿＿＿＿＿＿＿＿＿＿＿＿＿＿

(3) そのファッションは若者の間で大変人気がある。(among)

＿＿＿＿＿＿＿＿＿＿＿＿＿＿＿＿＿＿＿＿＿＿＿＿＿＿＿＿＿＿＿＿

Check Your Answers

[4]

(1) is she → she is（間接疑問文は通常の語順にする）
私は彼女が誰だか知らない。　　　　　　　　　23-Q5

(2) a → an（母音の前は an）
私は朝食にリンゴを食べた。　　　　　　　　　17-Q3

(3) can → could（as - as one can できるだけ：この文は過去）
彼はできるだけ熱心に働いた。　　　　　　　　20-Q3

(4) on → of（in front of ～の前）
彼女はその店の前に立っていた。　　　　　　　21-Q1

(5) sadly → sad（SVOC：sad が C：Mary is sad）
その知らせはメアリーを悲しませた。　　　　　16-Q4

[5]

(1) You can swim, can't you?
（付加疑問文：肯定文には否定を追加する）　　23-Q4

(2) It snowed little this year.
（little ほとんどない：不可算）　　　　　　　　19-Q2

(3) The fashion is very popular among young people.
（among ～の間：3 人以上）　　　　　　　　　21-Q1

練習問題にチャレンジ

難易度B ☆☆

[6] 適当な語を入れなさい。

(1) (　　　　) was in LA that I met Bob.

(2) I have two dogs. One is black and (　　　　) (　　　　) white.

(3) She bought a tie (　　　　) him.

(4) I'm inferior (　　　　) him in knowledge.

(5) I lost the watch I had bought two days (　　　　).

(6) He delivered his speech (　　　　) ease.

[7] 日本語にしなさい。

(1) This is the very book I've been looking for.

___

(2) The patients were mostly children.

___

(3) There was a fire in my neighborhood.

___

(4) She spent as much as two thousand dollars.

___

　　look for 探す　patient 患者　neighborhood 近所

Check Your Answers

[6]

(1) It（It is 〜 that 強調構文）

　　私がボブに会ったのはロサンゼルスでのことだ。　　23-Q6

(2) the other（単数・残りのすべて：is 省略）

　　私は2匹犬を飼っている。1匹は黒でもう1匹は白だ。　18-Q6

(3) for（buy 〜 for）　彼女は彼のためにネクタイを買った。　16-Q7

(4) to（be inferior to 〜より劣っている）

　　私は彼より知識の面で劣っている。　　20-Q7

(5) before（過去のある時点から〜前）

　　私はその2日前に買った時計をなくした。　　19-Q7

(6) with（with ease 簡単に）　彼は楽にスピーチをした。　21-Q4

[7]

(1) これはまさに私が探していたその本だ。

　　（very まさに：名詞の強調）　　23-Q9

(2) その患者達は大部分が子供だった。

　　（mostly 大部分が）　　19-Q6

(3) うちの近所で火事があった。（a fire 火事）　17-Q6

(4) 彼女は2000ドルも使った。（as 〜 as 強調）　20-Q6

練習問題にチャレンジ

[8] 適切なものを選択しなさい。

(1) (　) members attended the meeting.

　① The most　　　② Most　　　③ Almost

(2) Do you envy (　) ?

　① rich　　　② a rich　　　③ the rich

(3) The method is (　) no use.

　① of　　　② for　　　③ with

(4) He liked (　) of the three proposals.

　① none　　　② neither　　　③ no

(5) The result was (　) than we had thought.

　① bad　　　② worst　　　③ worse

envy うらやむ

[9] 並び替えて英文を完成しなさい。

(1) Little (dream, I, of, did) his success.

(2) They (good, will, friends, remain).

(3) I can't (this photo, remembering, look at, without,) him.

(4) She gave me (advice, piece, a, of).

Check Your Answers

[8]

(1) ② Most（ほとんどの：almost は副詞なので名詞にかかれない）
ほとんどのメンバーがその会議に出席した。　　19-Q6

(2) ③ the rich（the 形容詞 〜の人々）
あなたは金持ちの人がうらやましいのですか。　　17-Q6

(3) ① of（of use 役に立つ）
その方法は何の役にも立たない。　　21-Q4

(4) ① none（どれも〜でない：3つ以上）
彼はその3つの提案のどれも気に入らなかった。　　22-Q1

(5) ③ worse（bad の比較級）
結果は私達が思っていたよりも悪かった。　　20-Q8

[9]

(1) Little did I dream of his success.（否定文頭の倒置文）
彼が成功するとはほとんど夢にも思わなかった。　　23-Q10

(2) They will remain good friends.（remain とどまる）
彼らはよい友達のままだろう。　　16-Q6

(3) I can't look at this photo without remembering him.
（can't – without 〜 –すれば必ず〜）
私はこの写真を見ると必ず彼を思い出す。　　22-Q3

(4) She gave me a piece of advice.（advice は不可算名詞）
彼女は私に1つ助言を与えてくれた。　　17-Q4

練習問題にチャレンジ

難易度C ☆☆☆

[10] 日本文に合うように（　）内に語を入れなさい。

(1) 彼は決して正直ではない。

　　He is (　　　　) but honest.

(2) それ自体不自然だ。

　　It is unnatural (　　　　) (　　　　).

(3) 上に行けば行くほど、寒くなる。

　　The higher you go, (　　　　) (　　　　) it becomes.

(4) 天気予報によれば、今夜は雨だ。

　　(　　　　) (　　　　) the weather forecast, it will rain tonight.

[11] 指定された語を使って英文を作りなさい。

(1) 君はもう私の友人ではない。(no longer)

　　You are _____

(2) トムは日本語を話せる。ジョージもそうだ。

　　Tom can _____

(3) 100人もの学生がいた。(no less than)

　　There were _____

(4) 私は英語の代わりに中国語をとった。(instead of)

　　I took _____

■ Check Your Answers

[10]

(1) anything (anything but 決して～でない)   22-Q4

(2) in itself (それ自体)   18-Q10

(3) the colder (the 比較級, the 比較級 ～すればするほど)   20-Q9

(4) According to (～によれば)   21-Q6

[11]

(1) You are no longer my friend.

   (no longer もはや～でない)   22-Q4

(2) Tom can speak Japanese. So can George.

   (so 倒置 ～もそうだ：肯定文)   23-Q12

(3) There were no less than 100 students.

   (no less than ～も)   20-Q9

(4) I took Chinese instead of English.

   (instead of ～の代わりに)   21-Q6

練習問題にチャレンジ

[12] 適切なものを選択しなさい。

(1) It was not long (　) he appeared.
　　① that　　　　　② but　　　　　③ before

(2) She seldom, if (　), scolds her child.
　　① ever　　　　　② any　　　　　③ not

(3) Some like classical music, and (　) like rock music.
　　① the other　　② the others　　③ others

(4) I need at (　) a few days to recover.
　　① little　　　　② less　　　　　③ least

scold 叱る　　recover 回復する

[13] (　)内に適当な語を入れなさい。

(1) The train was delayed due (　　　) the heavy snow.

(2) I had no more (　　　) five dollars with me then.

(3) It's by no (　　　) a strange idea.

(4) She solved difficult problems one (　　　) another.

(5) He knows (　　　) than to behave like that.

delay 遅らせる　　strange 奇妙な　　behave 振舞う

Check Your Answers

[12]

(1) ③ before（It's not long before　まもなく）

まもなくして彼が現れた。　　　　　　　　　　22-Q4

(2) ① ever（if ever万一あったとしても：seldom との組み合わせ）

彼女が子供を叱ることはあったとしてもめったにない。　23-Q12

(3) ③ others（some 〜, others … 〜もいれば…もいる）

クラシック音楽が好きな人もいればロックが好きな人もいる。

22-Q10

(4) ③ least（at least 少なくとも）

私は回復するためには少なくとも2、3日必要だ。　　20-Q9

[13]

(1) to（due to 〜のために）

列車は大雪のために遅れた。　　　　　　　　　21-Q6

(2) than（no more than 〜だけ）

私はその時手元に5ドルしか持っていなかった。　20-Q9

(3) means（by no means 決して〜でない）

それは決して奇妙な考えではない。　　　　　　22-Q4

(4) after（one after another 次から次に）

彼女は次から次に難問を解決した。　　　　　　18-Q10

(5) better（know better than 〜より分別がある）

彼はそのような振る舞いをしないだけの分別はある。　20-Q9

第4章　その他の項目

―― 英文法トライアングル その4 ――

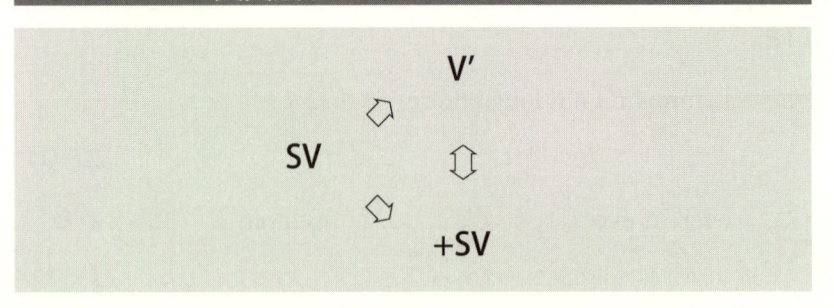

```
                    V'
                   ⇧
         SV       ⇧
                   ⇧
                  +SV
```

第4章は上のトライアングルに含まれない文法項目を扱った。
英語の主要4品詞は動詞、名詞、形容詞、副詞であるが、
第1章〜第3章では動詞にこだわり、第4章の内容はそれ以外の名詞、
形容詞、副詞を中心にしたものだった。

これで英文法の全体像が見えたことになる。

後は再確認のための総合問題を残すだけだ。

第5章

総合問題

25 第1章～第4章のまとめ

難易度A ☆

[1] 最も適切なものを選択しなさい。

(1) This is one of (　) interesting TV shows.

　① most　　　② the most　　　③ much　　　④ many

(2) I asked him (　) the phone.

　① answer　　② to answer　　③ answered　　④ answering

(3) The woman (　) hair is brown is my friend.

　① whose　　② whom　　③ who　　④ which

(4) We have (　) time.

　① few　　② a few　　③ many　　④ little

(5) He (　) like vegetables.

　① isn't　　② don't　　③ doesn't　　④ aren't

(6) It (　) very hard then.

　① was raining　　② is raining　　③ does raining　　④ did raining

(7) The gift made Susan (　).

　① is happy　　② happily　　③ happy　　④ happiness

(8) I saw a painting (　) the wall.

　① to　　② of　　③ for　　④ on

(9) I finished (　) at midnight.

　① packing　　② to pack　　③ packed　　④ pack

[1]

(1) ② the most（interesting の最上級には most）

これは最も面白いテレビ番組のうちのひとつだ。　20-Q5

(2) ② to answer（ask … to do ～するように頼む）

私は彼に電話に出るように頼んだ。　8-Q7

(3) ① whose（her hair → whose hair : 関係詞）

茶色の髪のその女性は私の友人だ。　14-Q3

(4) ④ little（ほとんどない：time は不可算）

私達はほとんど時間がない。　19-Q2

(5) ③ doesn't（I、You以外の単数の主語：否定は doesn't）

彼は野菜が好きではない。　1-Q8

(6) ① was raining（過去進行形）

その時雨がとても激しく降っていた。　4-Q7

(7) ③ happy（Susan is happy : SVOC）

その贈り物はスーザンを喜ばせた。　16-Q4

(8) ④ on（on the wall 壁の上の）

私は壁にかかっている絵を見た。　21-Q1

(9) ① packing（finish -ing ～し終える：動名詞）

私は真夜中に荷造りを終えた。　9-Q4

練習問題にチャレンジ

(10) When was the museum (　)?

　① building　　② built　　③ build　　④ builds

(11) I don't know how old (　).

　① he is　　② is he　　③ does he　　④ he does

(12) What (　) I do next?

　① will　　② do　　③ shall　　④ have

(13) I received an e-mail (　) by a stranger.

　① sending　　② sent　　③ to send　　④ send

(14) She handed him a (　) of paper.

　① place　　② part　　③ piece　　④ peace

(15) How long (　) you been in Hawaii?

　① were　　② do　　③ are　　④ have

(16) Why did she (　) there alone?

　① went　　② goes　　③ go　　④ to go

(17) Can you visit us on (　) Saturday or Sunday?

　① both　　② neither　　③ too　　④ either

(18) The boy did it (　).

　① themselves　　② herself　　③ himself　　④ ourselves

Check Your Answers

(10) ② built（be built：受動態）

いつその博物館は建てられたのか。　　　　　　　5-Q4

(11) ① he is（間接疑問文では通常の語順になる）

私は彼が何歳か知らない。　　　　　　　　　　23-Q5

(12) ③ shall（shall I しましょうか：提案の助動詞）

次に何をしましょうか。　　　　　　　　　　　3-Q6

(13) ② sent（送られた：過去分詞）

私は見知らぬ人によって送られたメールを受け取った。　10-Q4

(14) ③ piece（a piece of 1枚の：不可算の名詞）

彼女は彼に1枚の紙を渡した。　　　　　　　　17-Q2

(15) ④ have（have been / 現在完了形）

あなたはどのくらいハワイにいるのですか。　　　6-Q7

(16) ③ go（did の後の動詞は原形）

彼女はなぜひとりでそこへ行ったのですか。　　　2-Q4

(17) ④ either（either 〜 or どちらか一方）

あなたは土曜日か日曜日のどちらかにうちに来れますか。　12-Q4

(18) ③ himself（彼自身）

彼は自分でそれをやった。　　　　　　　　　　18-Q1

練習問題にチャレンジ

難易度B ☆☆

[2]

(1) Would you mind (　) here?

　① me to smoke　　　② my smoking

　③ my smoked　　　　④ I smoke

(2) Everybody is gone. You (　) earlier.

　① should have come　② should come

　③ may come　　　　　④ may have come

(3) (　) who were present were all moved by his speech.

　① The　　　② These　　　③ They　　　④ Those

(4) If I were you, I (　) say sorry to him.

　① would　　② will　　　　③ should　　④ do

(5) I chose the smaller of the (　) bags.

　① one　　　② two　　　　③ three　　　④ four

(6) The used car was (　) our reach.

　① with　　　② without　　③ within　　　④ withstand

(7) It (　) since last night.

　① has snowing　　　　② is snowing

　③ was snowed　　　　④ has been snowing

(8) (　) customers are regulars.

　① The almost　② Most　　③ Almost　　④ The most

Check Your Answers

[2]

(1) ② my smoking （mind -ing：動名詞）

私がここでタバコを吸うのは気になりますか。 9-Q6

(2) ① should have come（来るべきだったのに）

皆いなくなった。君はもっと早く来るべきだったのに。

3-Q12

(3) ④ Those（those who 〜する人々）

出席した人々は皆彼のスピーチに感動した。 18-Q8

(4) ① would（If were → 仮定法過去：過去の助動詞を使う）

私が君なら彼に謝るだろう。 13-Q3

(5) ② two（比較級に the がつくのは 2 者の時）

私は 2 つのバッグのうちの小さい方を選んだ。 20-Q7

(6) ③ within（within 〜 範囲内）

その中古車は私達の手の届く範囲内だった。 21-Q5

(7) ④ has been snowing（have been -ing：現在完了進行形）

昨夜から雪が降り続いている。 6-Q13

(8) ② Most（ほとんどの / almost は all が必要）

ほとんどの客は常連だ。 19-Q6

練習問題にチャレンジ

(9) We (　) see each other because we are too busy.

① always　　② often　　③ usually　　④ rarely

(10) As (　) as I know, he doesn't smoke.

① far　　② long　　③ much　　④ soon

(11) Do you know the reason (　) he is absent today?

① which　　② what　　③ why　　④ where

(12) This flower smells (　).

① good　　② well　　③ badly　　④ nicely

(13) This aid was originally for (　).

① a poor　　② poor　　③ that poor　　④ the poor

(14) The meal was very (　).

① satisfy　　② to satisfy　　③ satisfying　　④ satisfied

(15) The baby was (　) by her grandmother.

① taken care　　② taken care of

③ taking care　　④ taking care of

(16) How on (　) did he enter this room?

① world　　② moon　　③ globe　　④ earth

(17) We (　) our daughter do anything she likes.

① make　　② get　　③ teach　　④ let

originally もともと

Check Your Answers

(9) ④ rarely （めったにない←文章よりこれを選択）

私達はあまりに忙しいのでめったに顔を合わすことがない。

22-Q2

(10) ① far（As far as I know 私の知る限りでは：範囲）

私の知る限りでは彼はタバコを吸わない。 12-Q5

(11) ③ why（理由を示す関係副詞）

あなたは彼が今日休んでいる理由を知ってますか。

14-Q10

(12) ① good（smell は be と同じ扱いにする：SVC）

その花はいい香りがする。 16-Q6

(13) ④ the poor（the 形容詞 〜の人々）

この援助はもともと貧しい人々のためのものだった。

17-Q6

(14) ③ satisfying（satisfy 満足させる：物の性質 -ing）

その食事は大変満足のいくものだった。 10-Q8

(15) ② taken care of（受動態にしても熟語の前置詞はそのまま）

その赤ちゃんは祖母によって世話をされた。 5-Q8

(16) ④ earth（on earth いったい：疑問詞の強調）

いったい彼はどうやってこの部屋に入ったんだ。 23-Q8

(17) ④ let（使役動詞〜原形 / 文意から「放任」の let を選択）

私達は娘に好きなことはどんなことでもさせた。 8-Q11

練習問題にチャレンジ

難易度C ☆☆☆

[3]

(1) It was (　) problem that anyone can solve it.

　① such easy a　　　　② a such easy

　③ so easy a　　　　　④ so a easy

(2) I don't feel (　) anything today.

　① like to do　② love to do　③ love do　④ like doing

(3) (　) driving a car, she rides a bike.

　① Instead of　　　　② Because of

　④ In spite of　　　　④ In front of

(4) (　) all my work, I'm totally free now.

　① Doing　② Having　③ Done　④ Having done

(5) I just did (　) was right.

　① I believed what　　② what believed I

　③ what I believed　　④ what I was believed

(6) He (　) be a professional singer.

　① used to　② was used　③ use　④ was used to

(7) Hardly had I received her e-mail (　) she called.

　① then　② when　③ than　④ as

(8) The man was standing with his arms (　).

　① cross　② to cross　③ crossed　④ crossing

280

Check Your Answers

[3]

(1) ③ so easy a ("so 形容詞 a 名詞 that" の形)
    それは大変易しい問題で誰でも解ける。　　　　12-Q7

(2) ④ like doing (feel like -ing 〜したい)
    今日は何もしたくない。　　　　9-Q10

(3) ① Instead of (〜の代わりに)
    彼女は車を運転する代わりに自転車に乗っている。　21-Q6

(4) ④ Having done (完了形を用いた分詞構文：過去の内容)
    すべて仕事をしてしまって、今私は完全に自由だ。　10-Q11

(5) ③ what I believed (関係詞 what の直後に I believed を挿入)
    私は自分が正しいと信じたことをしただけだ。　14-Q11

(6) ① used to (used to かつて〜だった)
    彼はかつてプロの歌手だった。　　　　3-Q14

(7) ② when (Hardly - when 〜するとすぐに)
    私が彼女のメールを受け取ると同時に彼女が電話をしてきた。
    　　　　12-Q7

(8) ③ crossed (arms と cross (組む)が受動関係なので過去分詞)
    その男性は腕を組んで立っていた。　　　　10-Q13

練習問題にチャレンジ

(9) She (　) to be my aunt's friend.

　① managed　② went　③ happened　④ stood

(10) It won't be long (　) she graduates.

　① before　② after　③ when　④ while

(11) He is not so (　) an educator as a politician.

　① many　② good　③ much　④ well

(12) A: Tom will come here. B: (　).

　① So Nancy will　　　② Neither Nancy will

　③ So will Nancy　　　④ Neither will Nancy

(13) He was made (　) his name.

　① sign　② to sign　③ signed　④ signing

(14) She demanded that he (　) the money at once.

　① returned　② returns　③ return　④ was returned

(15) (　) about the accident, I wouldn't have let him use my car.

　① Had I known　　　② I had known

　③ Have I known　　　④ Did I know

(16) He is the (　) person to break his promise.

　① least　② almost　③ most　④ last

(17) There is (　) who will be elected.

　① not to know　　　② no to know

　③ no knowing　　　④ not knowing

Check Your Answers

(9) ③ happened（happen to do たまたま〜する）
　　彼女はたまたま叔母の友人だった。　　　　　8-Q12

(10) ① before（it is not long before まもなく）
　　まもなく彼女は卒業する。　　　　　　　　　22-Q4

(11) ③ much（not so much A as B　A というより B）
　　彼は教育者と言うよりは政治家だ。　　　　　20-Q9

(12) ③ So will Nancy（肯定文の後は So で倒置）
　　トムがここにやって来る。 ― ナンシーもそうだ。
　　　　　　　　　　　　　　　　　　　　　　　23-Q12

(13) ② to sign（使役動詞が受動態になると to do が続く）
　　彼は署名をさせられた。　　　　　　　　　　8-Q13

(14) ③ return（要求 that 原形）
　　彼女は彼がすぐにその金を返すことを要求した。3-Q15

(15) ① Had I known（= If I had known：仮定法過去完了）
　　その事故を知っていたら彼に車を使わせなかっただろう。
　　　　　　　　　　　　　　　　　　　　　　　13-Q6

(16) ④ last（the last person to do 〜しそうにない人）
　　彼は約束を破ることはないだろう。　　　　　22-Q4

(17) ③ no knowing（There is no -ing 〜できない）
　　誰が選出されるか知ることはできない。　　　9-Q10

付録

英文法を教えてみよう

もう一度ポイントおさらい

CASE 1 ☆

彼女は音楽好きだ。
　　She like music. （×）

アドバイス例

英語は主語によって動詞の形を変える。主語が単数(I、You 除く)の時は動詞に s を付け加えなければならない。そこで likes とする。
　　She likes music. 　　　　　　　　　　　　　　（1-Q4）

CASE 2 ☆

あなたは何色が好きですか。
　　What do you like color? （×）

アドバイス例

What の後ろが疑問文語順になっている点はよい。しかし、like に対する目的語が What と color で 2 つになっている。「この色」を this color と言うように「何色」は what color と続けて言う。
　　What color do you like? 　　　　　　　　　　（1-Q12）

CASE 3 ☆

誰がその鍵を持っているのか
　　Who does has the key? （×）

アドバイス例

「誰が」という文なので疑問詞 Who が主語になる。この場合は疑問文語順にせずに通常の語順にする。
　　Who has the key? 　　　　　　　　　　　　　（1-Q13）

CASE 4 ☆

私達はイタリア料理を食べた。
　　We were eat Italian food. （×）

アドバイス例

過去形にするときに単語の数が増えることはない。上の例では eat が were eat になっている。過去形はあくまでも動詞を変形させて作る。eat は不規則動詞でその過去形は ate である。
　　We ate Italian food. （2-Q2）

CASE 5 ☆

私は明日は忙しい。
　　I will am busy tomorrow. （×）

アドバイス例

明日のことなので will を使って未来形の形になっている点はよい。しかし、will のような助動詞の後は動詞を原形にしなければならない。is / am / are という be 動詞の原形はその名の示すとおり be である。
　　I will be busy tomorrow. （2-Q5）

CASE 6 ☆

君はそのようなことをしてはならない。
　　You don't have to do such a thing. （×）

アドバイス例

「しなければならない」は must / have to の両方で言えるが、否定表現になると違いが出てくる。don't have to は「する必要がない」という意味だ。禁止する時は mustn't を使う。
　　You mustn't do such a thing. （3-Q8）

CASE 7 ☆☆

彼はその事実を知っていたのかもしれない。
 He may knew the fact.（×）

> アドバイス例

「知っていた」という過去の内容なので knew になっているが、助動詞の後は原形というルールがある。しかし know にしてしまうと話の内容が現在になってしまう。そこで完了形を使う。
 He may have known the fact.   （3-Q12）

CASE 8 ☆☆☆

私は私達がその会議を中止することを提案した。
 I suggested that we canceled the meeting.（×）

> アドバイス例

suggested の時制にあわせて canceled となっているが、過去形を使うと過去の事実として実際に起こったことになる。提案なので可能性の話、つまり助動詞の利用ということになる。そこで要求や提案向けの助動詞 should を使うかあるいはそれを省略して原形とする。
 I suggested that we (should) cancel the meeting. （3-Q15）

CASE 9 ☆

彼女はテレビを見ている。
 She watching TV.（×）

> アドバイス例

watching は「見ている」だから意味の面では問題ないのだが、時間を表現する形になっていない。例えば過去形が作れない。だから進行形には be 動詞が必要である。
 She is watching TV.   （4-Q4）

CASE 10 ☆

私は新しいパソコンが欲しい。
 I'm wanting a new PC. （×）

アドバイス例

進行形は基本的に動作を表現する形で、like や want のような単語には進行形を使わない。
 I want a new PC.   （4-Q8）

CASE 11 ☆

そのメールはボブによって送られたのですか。
 Did the e-mail sent by Bob? （×）

アドバイス例

受動態は進行形同様 be 動詞の文である。そこで疑問文にする時は be 動詞を先頭にした形でなければならない。
 Was the e-mail sent by Bob?   （5-Q3）

CASE 12 ☆☆

その犬は私の子供達によって世話された。
 The dog was taken care by my children. （×）

アドバイス例

「世話をする」は take care of である。この3単語が揃ってはじめて目的語が取れる。つまり受動態が作れることになる。そこで受動態の時もこの3単語を省略することなく使わなければならない。
 The dog was taken care of by my children.   （5-Q8）

CASE 13 ☆

彼は3年間中国語を勉強した。
　　He has been studied Chinese for 3 years.　（×）

アドバイス例

現在完了形を作るときに思わず have been と並べてしまうことがある。完了形は、have + 過去分詞だ。ここでは has studied という形になる。
　　He has studied Chinese for 3 years.　　　　　　　（6-Q2）

CASE 14 ☆

君はいつカナダを訪れたのか。
　　When have you visited Canada?　（×）

アドバイス例

when は「ある時点」を尋ねる疑問詞である。よって「過去から現在」に及ぶ現在完了形ではなく、「ある時点」を尋ねる過去形を使わなければならない。
　　When did you visit Canada?　　　　　　　　　　（6-Q7）

CASE 15 ☆☆

それは私がそれまで見た中で最高の映画だった。
　　It was the best movie that I have ever seen.　（×）

アドバイス例

関係詞 that の後を完了形にしている点はよいのだが、「その映画を見た」のは過去のことであり、「それまでに見た」というのはそれ以前のことなので過去完了形にする。
　　It was the best movie that I had ever seen.　　　　（6-Q10）

CASE 16 ☆

1時間前に雨が降り始めた。
 It began rain an hour ago. （×）

> アドバイス例

すでに began という動詞があるので、動詞が重ならないように rain は準動詞にしなければならない。そこで to rain とする。（raining も可）
 It began to rain an hour ago.   （8-Q5）

CASE 17 ☆☆

私は彼に会わないことに決めた。
 I decided to don't see him. （×）

> アドバイス例

準動詞を否定の形にして使う時は、準動詞の直前に not をつける。この文はもとが decided to see なので準動詞である to see の前に not をつける。
 I decided not to see him.   （8-Q9）

CASE 18 ☆☆

カバンを置き忘れるとは不注意でしたね。
 It was careless for you to leave the bag. （×）

> アドバイス例

「人の性質」を表す時は、性質と人が所属の関係(〜の…)になっているので前置詞は of を使う。
 It was careless of you to leave the bag.   （8-Q10）

CASE 19 ☆☆

彼女は私に彼女の携帯電話を使わせてくれた。
 She made me use her cell phone. （×）

> アドバイス例

使役動詞を使って目的語の後の動詞を原形(use)にしている点はよいのだが、「～させてくれる」という意味なので強制を表す make は使えない。放任を表す let を使う。

  She let me use her cell phone.   (8-Q11)

CASE 20 ☆☆☆

私は彼の考えがわかるようになった。
  I became to understand his idea. （×）

> アドバイス例

「なる」という日本語から become を選びやすいところだが、動詞を伴い「～するようになる」という時は come to do という表現になる。

  I came to understand his idea.   (8-Q12)

CASE 21 ☆

私はその仕事を7時にやり終えた。
  I finished to do the job at seven. （×）

> アドバイス例

want のように、これからの行為に対しては to do の形で準動詞をつなぐ。しかし finish はすでに行っている行為に対して使う動詞なので、その後の準動詞は doing にする。

  I finished doing the job at seven.   (9-Q4)

CASE 22 ☆☆

彼女は昨日トムに電話することを忘れていた。
  She forgot calling Tom yesterday. （×）

> アドバイス例

remember や forget は共に to do あるいは doing という準動詞を目的語に持つことができる。to do は「これからすべきこと」doing は「すでにしたこと」に使う。上の例では to do になる。

 She forgot to call Tom yesterday.　　　　　　　　　　(9-Q7)

CASE 23 ☆☆

私は彼が私達のチームに加わることに反対した。
 I opposed he joining our team.　（×）

アドバイス例

joining という動名詞に主語を付け加える場合は、所有格または目的格の形にしなくてはならない。そこで he ではなく his あるいは him にする

 I opposed his (him) joining our team.　　　　　　　　(9-Q9)

CASE 24 ☆☆☆

彼は車の運転に慣れていない。
 He isn't used to drive a car.　（×）

アドバイス例

be used to「〜に慣れている」の後は名詞が続く。そこで動詞を入れようとする時は動名詞の形にしなくてはならない。

 He isn't used to driving a car.　　　　　　　　　　　(9-Q10)

CASE 25 ☆

私はそこを走っている少年を見た。
 I saw a running there boy.　（×）

アドバイス例

現在分詞1語だけで修飾する時は前に置く(a running boy)が、上の例のように2語以上(running there)で修飾する時は後ろから修飾する。

I saw a boy running there. (10-Q4)

CASE 26 ☆

スーザンと話しているその男は私の兄だ。
The man is my brother talking with Susan. （×）

> アドバイス例

talking with Susan が後ろから修飾しているが、修飾されている単語が違っている。「その男」を修飾する文なので The man talking ～となる。
The man talking with Susan is my brother. (10-Q6)

CASE 27 ☆☆

彼女の話は退屈だった。
Her story was bored. （×）

> アドバイス例

bore という動詞の意味は「退屈する」ではなく「退屈させる」である。そこで「退屈させる」事柄には boring、「退屈させられている」人には bored を使う。
Her story was boring. (10-Q8)

CASE 28 ☆☆

私はその壁を塗ってもらった。
I had the wall paint. （×）

> アドバイス例

wall とその後の paint が受動関係、つまり意味が「塗られる」であることに注目する。受動関係の場合は、たとえ have という使役動詞を使っていても準動詞は過去分詞になるので painted とする。
I had the wall painted. (10-Q9)

CASE 29 ☆☆☆

ここから見ると、その教会はおもちゃの家のように見える。
　　Seeing from here, the church looks like a toy house.

アドバイス例

日本語では「見ると」になっているが、その教会は見られる立場なのでchurch と see は受動関係になる。よって see は過去分詞seen として使うことになる。
　　Seen from here, the church looks like a toy house. 　　（10-Q11）

CASE 30 ☆☆☆

私はそこで買い物をしている時に友人に会った。
　　While shopped there, I met my friend. （×）

アドバイス例

shopped という過去形の前の主語は省略できないが、shop を分詞にすれば問題ない。「〜している」なので現在分詞にする。
　　While shopping there, I met my friend. 　　（10-Q12）

CASE 31 ☆

忙しくて、君に電話できなかった。
　　I was busy, I couldn't call you. （×）

アドバイス例

SV の追加が行われているが、＋の機能を果たす単語、つまり接続詞がない。コンマには＋の機能はないので接続詞が必要となる。
　　I was busy, so I couldn't call you. 　　（12-Q1）

CASE 32 ☆

私が帰宅した時、妻は夕食を作っていた。
　　I got home when my wife was cooking dinner. （×）

アドバイス例
接続詞when の位置が問題である。「〜する時」は When SV の語順になる。よって When I got home と言わなければならない。
　　When I got home, my wife was cooking dinner.　　（12-Q2）

CASE 33 ☆☆

私の知る限りでは彼らの息子はアメリカにいる。
　　As long as I know, their son is in America. （×）

アドバイス例
「知る限りでは」は知識の範囲を示すので as far as となる。同じ「〜する限り」でも as long as は条件を表し if「もし〜」に近い意味になるのでここでは使えない。
　　As far as I know, their son is in America.　　（12-Q5）

CASE 34 ☆☆

もし明日雨が降れば、試合は延期される。
　　If it will rain tomorrow, the game will be postponed. （×）

アドバイス例
「もし〜」という時は未来の内容であっても現在形が用いられる。そこで If 節の中の will rain を rains とする。（時・条件の副詞節）
　　If it rains tomorrow, the game will be postponed.　　（12-Q6）

CASE 35 ☆☆☆

それはとても難しい問題で誰も解けなかった。
　　It was so a difficult problem that nobody could solve it.

> アドバイス例

so の後に a difficult problem を入れようとすると so と difficult がつながり a が後ろに回るので so difficult a problem という語順になる。（such a difficult problem も可）
　　It was so difficult a problem that nobody could solve it.

(12-Q7)

CASE 36 ☆☆

私が君だったら彼の助言に従うだろう。
　　If I were you, I will follow his advice. （×）

> アドバイス例

「私が君なら」という事実に反することを想定しているので仮定法を使う。If 節の中は were となって問題ないが、主節側の will は would に変えなくてはならない。
　　If I were you, I would follow his advice.　　(13-Q3)

CASE 37 ☆☆

もしその時私が遅刻していたら、彼に会えなかっただろう。
　　If I were late then, I couldn't meet him.

> アドバイス例

過去の事実の逆を想定する文なので仮定法過去完了の形に従って英文を作らなくてはならない。If 過去完了、would 現在完了となる。
　　If I had been late then, I couldn't have met him.　　(13-Q3)

CASE 38 ☆☆☆

彼女に謝っておけばよかった。
 I wish I said sorry to her. (×)

> アドバイス例

「謝っておけば」というのは過去を振り返る内容になるので仮定法過去完了を使う。
 I wish I had said sorry to her.   (13-Q5)

CASE 39 ☆☆☆

万一それが本当なら、彼はショックを受けるだろう。
 Should it true, he would be shocked. (×)

> アドバイス例

If - should という文の If を省略したもので should を先頭に置くのはよいのだが、前半に動詞がない。もとの文は If it should be true であるから be が必要である。
 Should it be true, he would be shocked.   (13-Q6)

CASE 40 ☆☆☆

彼が不注意だったら、今ごろ入院しているだろう。
 If he had been careless, he would have been in hospital now. (×)

> アドバイス例

前半は過去の内容に合わせた仮定法で過去完了形になっている点はよい。しかし後半は現在の話題のために、仮定法過去を用いて would 原形にしなければならない。
 If he had been careless, he would be in hospital now. (13-Q6)

CASE 41 ☆

私は青い目をした少女を見た。
 I saw a girl her eyes were blue. （×）

アドバイス例

後半部分が問題である。＋の単語を使わずに SV を追加している。そこで her（彼女の）を whose（誰の）に変えて＋の単語つまり関係詞を作る。
 I saw a girl whose eyes were blue.   （14-Q3）

CASE 42 ☆

彼が買ったギターは高価だった。
 He bought the guitar was expensive. （×）

アドバイス例

「ギター」の後ろに修飾部分「彼が買った」をつける。it he bought の語順になるので which (that) he bought となる。
 The guitar which (that) he bought was expensive. （14-Q5）

CASE 43 ☆☆

ここは私の母が生まれた町だ。
 This is the town which my mother was born. （×）

アドバイス例

後半のもとの形について考えよう。it my mother was born はおかしい。しかし、in it あるいは there なら my mother was born がつながる（その中で / そこで）。だから in which あるいは where にする。
 This is the town in which (where) my mother was born.
            （14-Q8／10）

CASE 44 ☆☆

彼が言ったことはうそだった。
  Which he said was a lie.　（×）

アドバイス例

「～すること」には先行詞を含む関係詞の what を用いる。そこで先頭の単語は which ではなく what となる。
  What he said was a lie.　　　　　　　　　　　　　（14-Q9）

CASE 45 ☆☆☆

彼女は私が最高だと信じる歌手だ。
  She is the singer who is the best I believe.　（×）

アドバイス例

関係詞の後に I think や I believe を挿入する時は関係詞の直後に入れるので、who I believe という語順にしなければならない。
  She is the singer who I believe is the best .　　　　（14-Q11）

CASE 46 ☆

私はジムにその写真を見せた。
  I showed the picture Jim.　（×）

アドバイス例

目的語を2つつなぐ文型（SVOO）では「～に～を」という語順にならなければならないので Jim the picture となる。ただし前置詞を使って the picture to Jim とすることはできる。
  I showed Jim the picture.　　　　　　　　　　　　（16-Q4）

CASE 47 ☆

彼はサラを幸せにした。
He made Sara happily. （×）

>アドバイス例

「~を~にする」という(SVOC)文型ではOとCがbe動詞つながりである。つまり上の例ではSara (is) happyとつながる。

 He made Sara happy.   （16-Q4）

CASE 48 ☆☆

このパンはおいしい。
 This bread tastes well. （×）

>アドバイス例

五感を示す動詞(look、sound、smell、taste、feel)の後の単語はbe動詞的なつながり(SVC)になる。This bread is goodなので、ここでもwellではなくgoodを使う。

 This bread tastes good.   （16-Q6）

CASE 49 ☆☆

彼は私にひとつ助言を与えてくれた。
 He gave me an advice. （×）

>アドバイス例

adviceは日本語の感覚では可算名詞であるが、英語では家具(furniture)などと同様不可算名詞である。そこで数えるためにはa piece ofを加えなければならない。

 He gave me a piece of advice.   （17-Q4）

CASE 50 ☆☆

彼女には8歳の娘がいる。
　　She has an eight-years-old daughter.　（×）

アドバイス例

ハイフンを使って名詞を修飾する場合、その中の名詞（year）は複数形をとらないので、an eight-year-old girl となる。
　　She has an eight-year-old daughter.　　　　　　　（17-Q5）

CASE 51 ☆

君のコンピューターは私のものより小さい。
　　Your computer is smaller than my.　（×）

アドバイス例

my は「私の」なので、than の後ろは my computer が入ることになるが computer という単語の繰り返しを防ぐために通常mine「私のもの」が用いられる。
　　Your computer is smaller than mine.　　　　　　　（18-Q1）

CASE 52 ☆

私は1人で暮らすのは大変だと感じた。
　　I found that hard to live alone.　（×）

アドバイス例

found の後に to live alone を示す it（形式目的語）が入る文型である。そこで that を it に変更しなければならない。
　　I found it hard to live alone.　　　　　　　　　　（18-Q3）

CASE 53 ☆☆

2人だけが男性で残りは女性だった。
　　Only two were males and others were females. （×）

> アドバイス例

文意から女性が複数なので others と複数形にしているのはよい。しかし「残りすべて」をさす時は the をつけなければならないので the others とする。
　　Only two were males and the others were females. 　（18-Q6）

CASE 54 ☆

私は全く健康上の問題はない。
　　I don't have some health problems. （×）

> アドバイス例

some を否定文で使うと、「いくつか問題はない」という意味になり、問題があるかないか明確でない。そこで any「どんな」を持ち出して、「どんな問題もない」とはっきり否定する。
　　I don't have any health problems. 　　　　　（19-Q3）

CASE 55 ☆☆

ほとんどの人々が彼の名前を知っていた。
　　Almost people knew his name. （×）

> アドバイス例

Almost は本来「もう少しで」という意味の単語で副詞なので Almost all という形にする必要がある。形容詞の Most であればそのまま people の前で使える。
　　Most（Almost all）people knew his name. 　　（19-Q6）

CASE 56 ☆

彼は私よりも若い。
 He is young than me. （×）

アドバイス例
日本文の中に「もっと」という言葉はないが、英語の場合than を使う場合、必ずその前に比較級がなくてはならない。そこで young ではなく younger を使う。

 He is younger than me.　　　　　　　　　　　　（20-Q4)

CASE 57 ☆

彼はその3人の内で一番背が高い。
 He is the tallest in the three. （×）

アドバイス例
「〜の内で」といって比較の対象となる複数のものは of でつなぐ。one of 〜 の of と同じものである。in は「このクラスで」といったように範囲を定める時に使う。

 He is the tallest of the three.　　　　　　　　　　（20-Q5)

CASE 58 ☆☆

彼は2人の内の年上の方だ。
 He is older of the two. （×）

アドバイス例
比較の対象が3人以上の場合は最上級でしか1人を特定できないが、2人の時は、比較級で特定の1人を特定できるので比較級に the をつけることになる。

 He is the older of the two.　　　　　　　　　　　（20-Q7)

CASE 59 ☆☆

状況は以前より悪い。
　　The situation is more worse than before. （×）

アドバイス例
worse自身が bad の比較級なので、more を付けると比較級を２つ重ねることになる。そこで more を削除する。
　　The situation is worse than before. 　　　　　　　（20-Q8）

CASE 60 ☆☆☆

公園には３人の子供しかいなかった。
　　There were no less than three children in the park. （×）

アドバイス例
no less than は「～も」という数の多さを強調するための表現である。逆にno more than は「～だけ」という意味で少なさを強調する。
　　There were no more than three children in the park. （20-Q9）

CASE 61 ☆

私は明日ロンドンに向けて出発する。
　　I will leave London tomorrow. （×）

アドバイス例
leave London では「ロンドンを出発する」という意味になる。そこで［～に向けて］という前置詞for が必要になってくる。
　　I will leave for London tomorrow. 　　　　　　　（21-Q1）

CASE 62 ☆

彼は壁際に座っていた。
 He was sitting on the wall. （×）

アドバイス例

「接触」するものには on を使うが、上の文のように「接触するほど近く」を示す時は by を用いる。
 He was sitting by the wall.   (21-Q1)

CASE 63 ☆

私は7時まで働かなくてはならない。
 I have to work by seven. （×）

アドバイス例

時間の by は「までに」という意味で7時前の時間を示すが、till あるいは until を使うと「まで」という意味になる。
 I have to work till (until) seven.   (21-Q2)

CASE 64 ☆☆

その剣は大変な価値のあるものだった。
 The sword was in great value. （×）

アドバイス例

「価値のある」という形容詞は valuable だが、それを前置詞を使って表現すると of value となる。value の前には no や great を入れることができる。
 The sword was of great value.   (21-Q4)

CASE 65 ☆☆

親切であることに加えて、彼は正直だ。

Beside being kind, he is honest. （×）

アドバイス例

beside は「〜のそば」という意味の前置詞だ。「〜に加えて」と言う時は besides を使う。

Besides being kind, he is honest. (21-Q5)

CASE 66 ☆☆

私はその2人の候補者のどちらも気に入らなかった。
　I didn't like any of the two candidates. （×）

アドバイス例

any を使う時はその対象が3つ以上でなければならない。2つのものを全否定する時は not either か neither を使う。

I didn't like either of the two candidates. (22-Q1)

CASE 67 ☆☆☆

彼は決してご機嫌とりではない。
　He is nothing but a yes man. （×）

アドバイス例

ここで用いられている but は「〜以外」という意味である。そこで nothing but にすると「〜以外の何ものでもない」となる。anything but なら「どんなものでもいいが〜以外」となり「決して〜でない」という意味になる。

He is anything but a yes man. (22-Q4)

CASE 68 ☆

テーブルの上に2冊の本があった。
　There was two books on the table. （×）

> アドバイス例

「〜がある」という意味の There is / are はそれぞれ単数 / 複数で使い分ける。上の場合は複数なので are を選択し、過去形なのでさらに were にする。
 There were two books on the table. (23-Q1)

CASE 69 ☆

これはなんて興奮する試合なんだ。
 What exciting game this is!　(×)

> アドバイス例

強調する部分に名詞(game)を含む感嘆文なので what で始めることになるが、game が可算名詞であるために a (n) をつける。
 What an exciting game this is! (23-Q3)

CASE 70 ☆

私は彼がどこにいるか知らない。
 I don't know where is he.　(×)

> アドバイス例

疑問文が文の一部となる間接疑問文では、疑問詞の後を疑問文語順にしない。そこで is he ではなく he is とする。
 I don't know where he is. (23-Q5)

CASE 71 ☆☆

ここであなたに会うとは夢にも思わなかった。
 Never I did dream of seeing you here.　(×)

> アドバイス例

Never という否定語を先頭に出した倒置文である。Never の後は疑問文語順にしなければならないので did I dream となる。

Never did I dream of seeing you here. (23-Q10)

CASE 72 ☆☆☆

A: 彼女は親しみやすいですね。B: 彼女の妹もそうですよ。
　　She is friendly.　So her sister is.　（×）

アドバイス例

「〜もそうですよ」という場合は、肯定文に対しては so 否定文に対しては neither を使い、その後を倒置にする。
　　She is friendly.　So is her sister. (23-Q12)

おわりに

　「英語を使う」ということを車の運転に例えるならば、英文法の勉強は自動車教習所に通うようなものだと思います。少し面倒で大変なこともありますが、やはりひととおりきちんと終わらせておきたいものです。

　もっとも、英文法を学ぶ際に〇〇はだめ！　××は間違い！　と考えすぎると身動きがとれなくなってしまいます。ブレーキの踏み方しか教えない自動車教習所はありません。それと同じように英語も「まずはアクセル、時々ブレーキ」です。本書で確認した知識を利用して、どんどん英語を使っていただけたら幸いです。

平山　篤

著者略歴

平山 篤(ひらやま あつし)

1955年生まれ。山口県出身。山口大学経済学部卒業後、日産自動車入社。東京本社で海外関連業務に携わる。その後、ローレル奨学生としてカリフォルニア州立大学留学、政治学を専攻。現在、予備校などで英語指導。著書『CD BOOK 中学・高校6年分の英語を総復習する』*『CD BOOK 中学・高校6年分の英単語を総復習する』*『CD BOOK 中学・高校6年分の英作文を総復習する』『CD BOOK 3単語→30単語ステップアップ英会話トライアル』『CD BOOK アメリカの小学校の宿題・ミニテストをやってみる』(ベレ出版)『英単語コネクション』『片手で覚えられる英熟語帖』(共に学陽書房)。(＊韓国で翻訳出版)。

英文校閲
James Humphreys

問題を解いて中学・高校6年分の英文法を総復習する

2010年10月25日 初版発行
2024年 6月12日 第16刷発行

著者	平山 篤(ひらやま あつし)
カバーデザイン	OAK
イラスト	いげた めぐみ

©Atsushi Hirayama 2010. Printed in Japan

発行者	内田 真介
発行・発売	ベレ出版
	〒162-0832 東京都新宿区岩戸町12 レベッカビル
	TEL (03) 5225-4790
	FAX (03) 5225-4795
	ホームページ https://www.beret.co.jp/
印刷	三松堂株式会社
製本	根本製本株式会社

落丁本・乱丁本は小社編集部あてにお送りください。送料小社負担にてお取り替えします。

ISBN 978-4-86064-271-6 C2082　　　　編集担当　脇山和美

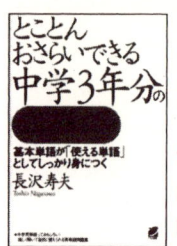

とことんおさらいできる中学3年分の英単語

長沢寿夫 著

四六並製／定価 1365 円（5% 税込） 本体 1300 円
ISBN978-4-86064-250-1 C2082　■ 320 頁

中学3年間で習う英単語を、しっかり総ざらいできる本です。品詞ごとに、同じ単語の基本の意味と実用的な意味の両方を、問題を解きながら確認する章をメインに、前置詞についての解説と問題の章など、記憶に定着しやすいことを考えた構成になっています。まずは基本単語をしっかり身につけたいというやり直しの人から、中学生、高校生にもピッタリの、知っているだけでなく使える単語として身につけられる英単語問題集です。

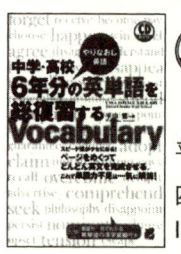

中学・高校6年分の英単語を総復習する

CD BOOK

平山篤 著

四六並製／定価 1890 円（5% 税込） 本体 1800 円
ISBN978-4-86064-196-2 C2082　■ 408 頁

中学・高校で習った単語をおさらいするためには身についていない単語をはっきりさせることが重要。この本は単語を覚えることを目指しません。目指すものは、あくまでも日本文の内容をスムーズに英語で表現することです。そのトレーニングで頭を英語モードにしていきます。英文がスラスラ言えるようになったら、英単語が身についていること、つまり使いこなせるということです。

文脈とCDでモノにする英単語ドリル

CD BOOK　3枚付き

鈴木一朗　Phillip Rowles 著

四六並製／定価 2520 円（5% 税込） 本体 2400 円
ISBN978-4-86064-189-4 C2082　■ 344 頁

ある程度まとまった文章（1から50まであり、後半に行くにしたがって長くなります）から、重要語をドリル形式の問題と音声でしっかり身につけていきます。英語初級・中級者には、見たことはあっても実際に使いこなせない、あやふやになりがちな高校レベルの単語約2000。文章を音声で聞き、単語ごと、さらに各フレーズごとに改めて身につけるから、確実に使える知識として定着させることができます。